MOLIÈRE

LES FEMMES SAVANTES

LES

FEMMES SÇAVANTES

TIRAGE.

350 exemplaires sur papier vergé (nos 44 à 393).
 20   —   sur papier Whatman (nos 24 à 43).
 20   —   sur papier de Chine (nos 4 à 23).
  2   —   sur parchemin (nos 2 et 3).
  1   —   sur vélin (no 1).

393 exemplaires, numérotés.

No

MOLIÈRE

LES FEMMES SÇAVANTES

Édition originale

RÉIMPRESSION TEXTUELLE PAR LES SOINS

DE

LOUIS LACOUR

PARIS

LIBRAIRIE DES BIBLIOPHILES

Rue Saint-Honoré, 338

M DCCC LXXVI

NOTICE

DE toutes les comédies de Molière, celle des *Femmes sçavantes* est la plus aristophanesque, celle où il a pris à partie avec le moins de déguisement un personnage connu pour le frapper d'un coup mortel : car cette violente satire était destinée à un monde où le ridicule tue.

L'abbé Charles Cotin, traduit sur le théâtre sous le nom de Trissotin, n'était pas un personnage vulgaire, un de ces « domestiques » de bonne maison qu'on recrutait alors dans les rangs du clergé ; c'était bel et bien un conseiller du roi, un aumônier du roi, le prédicateur attitré des paroisses de Paris les plus riches, l'auteur de maints ouvrages, prose et vers, agréés et goûtés dans les salons du Marais et du Temple, un membre influent de l'Académie française,

un protégé des seuls journaux du temps, un
vieillard enfin.

Comment se fait-il que Molière ait osé s'attaquer à ce haut dignitaire de l'Église et des
lettres, et comment s'expliquer qu'il ait pu mener à bien une tentative si hardie ?

A cette question il n'a été répondu que de
nos jours : cette réponse n'est parvenue qu'aux
moliéristes; elle n'a pas fait son chemin dans
le monde, et il importe aux éditeurs de Molière
de la répandre, parce qu'elle est la vérité.

L'un des biographes les plus consciencieux de
l'auteur des *Femmes sçavantes* montre bien, dans
les pages qu'il consacre à cette pièce, que naguère
encore la cause secrète de l'inimitié de Molière
contre Cotin était inconnue. Il s'agit de Bazin,
qui ne craignit pas d'écrire ce qui suit sur le
grand poëte qu'il aimait :

« On a fait beaucoup de contes absurdes sur
cette pièce. La seule circonstance, malheureusement vraie, qui subsiste, c'est que le personnage
de Trissotin, qui ne s'appela jamais autrement,
désignait, sans qu'on pût s'y tromper, un prêtre,
un aumônier du roi, un vieillard, un académicien.
Si l'action, comme nous le croyons, était mauvaise, elle n'en prouve que davantage à quel
degré nous ne dirons plus de hardiesse, mais
de puissance, Molière était parvenu. Du reste,
il est faux que Cotin soit mort de ce coup,
comme Voltaire s'est amusé à le dire; mais,

Cotin n'étant pas un homme dont on se soit fort soucié de recueillir la vie, personne n'a parlé d'un fait curieux qui se rattache aux *Femmes sçavantes*. Quand cette comédie fut représentée, le chancelier Séguier venait de mourir (28 janvier 1672), et laissait vacant un titre que le cardinal de Richelieu avait porté avant lui, celui de « protecteur de l'Académie française ». Le roi Louis XIV ne dédaigna pas de le prendre pour lui. L'Académie en avait reçu l'avis, et avait décidé qu'elle se rendrait tout entière, conduite par l'archevêque de Paris, chez le roi, pour le remercier de l'honneur que Sa Majesté voulait bien lui faire. Cette démarche eut lieu peu de jours après, le 11 mars ; un seul homme y manquait : c'était Charles Cotin, académicien depuis dix-sept ans, et qui n'avait pas voulu que sa présence dans cette compagnie l'obligeât à se plaindre de l'injure toute fraîche qu'il avait subie. »

On le voit, Bazin, tout moliériste qu'il est, contient avec peine son indignation. Il est « malheureusement vrai » que Trissotin désigne Charles Cotin ; c'est là une « action mauvaise ». Bazin renonce à prendre la peine d'en chercher l'origine, ou plutôt il la découvre, à ce qu'il croit, tout naturellement, en l'attribuant à la vaine satisfaction qu'aurait éprouvée Molière à se montrer non plus « hardi », mais « puissant ». Ensuite il verra dans la satire de Cotin une attaque pas-

sionnée contre la corporation des immortels ; il
représentera Molière « décimant l'Académie »,
à la façon d'un lutteur qui fondrait sur le premier venu pour le plaisir délicat d'essayer sa
force musculaire en « tombant » son prochain.

Quoi qu'il en soit, voilà le jugement qu'un
littérateur émérite et peu prévenu pouvait porter, en l'an de grâce 1851 [1], sur l'auteur et la
pièce des *Femmes sçavantes*.

Un long chemin a été parcouru depuis lors,
et la vérité s'est fait place, grâce surtout aux
patientes recherches du bibliophile par excel-
lence, notre maître en Molière, qui a nom Paul
Lacroix.

C'est M. Paul Lacroix qui, seul jusqu'à ce
jour, a donné en quelques mots la clef de cette
énigme séculaire.

« Le ressentiment de Molière ne provenait
que des sermons de ce prédicateur, qui, à l'occasion de la comédie du *Tartuffe,* n'avait épar-
gné ni l'auteur ni le comédien. Ces sermons ne
furent pas publiés [2]. »

On ignore si M. Paul Lacroix a tenu en main
le texte manuscrit de ces sermons, qui seraient
de précieux monuments moliéresques ; mais,
sans les avoir vus, on peut affirmer que ces lignes

---

1. *Notes historiques sur la vie de Molière,* 2ᵉ édition,
p. 174.

2. *Iconographie moliéresque,* 2ᵉ édition, p. 142.

du savant bibliographe renferment la vérité,
toute la vérité. Elles expliquent l'éclat excep-
tionnel du personnage de Trissotin par la haine
que Molière avait ressentie contre les jansénistes,
dépeints dans le *Tartuffe*. Le roi, nul n'en doute
aujourd'hui, partageait l'inimitié de Molière
contre les ennemis du *Tartuffe*.

En attaquant Tartuffe *on n'aime pas son roi.*

Est-ce que Louis XIV eût laissé bafouer en
plein théâtre l'un de ses prédicateurs ordinaires,
si celui-ci, par quelques paroles imprudentes,
n'eût pas mécontenté le prince? Il faut que dans
la chaire Cotin se soit laissé emporter trop loin,
blâmant probablement le roi de sa complaisance
pour Molière. Une sortie de ce genre dans un
lieu saint explique le retour offensif de l'auteur
de *Tartuffe* beaucoup mieux que ne pourrait le
faire quelque pointe plaisante en plein salon
bleu de l'hôtel à la mode[1]. On connaît les pro-
cédés employés par certains curés de Paris pour
ruiner Molière dans l'esprit du roi. Déjà Boileau avait été morigéné de la sorte. Il semble
que la même main ait dirigé ces diverses atta-
ques. Cotin, dans sa querelle avec Despréaux,

1. Voyez la continuation de l'ouvrage de Pellisson par
d'Olivet : *Histoire de l'Académie françoise depuis* 1635
(Paris, Coignard, 1729, 2 vol. in-12).

après avoir dit que celui-ci (première satire)

Prêche que trois sont trois, et ne sont jamais un,

s'écrie :

Quel Estat peut souffrir une telle insolence?
Sous un roi très-chrestien, qu'en peut dire la France?
Théophile jamais n'a dit ce méchant mot,
Et si paya ses vers de deux ans de cachot.
Voilà ce Despréaux : lui que l'enfer étonne,
Ne croit jamais en Dieu, si ce n'est quand il tonne.

Quelle différence y a-t-il entre cette délation en vers méchants et la prose du curé de Saint-Barthélemy vouant Molière aux sévérités royales? Voici les invectives auxquelles nous faisons allusion :

« Un homme, ou plutost un démon vestu de chair et habillé en homme, et le plus signalé impie et libertin qui fut jamais dans les siècles passez, avoit eu assez d'impiété et d'abomination pour faire sortir de son esprit diabolique une piece toute preste d'estre rendue publique, en la faisant monter sur le théâtre, à la dérision de toute l'Eglise[1]. »

Quelques hémistiches de Boileau suffirent à sa vengeance. Le poète comique possédait une arme plus terrible et s'en servit, sans respect

—————

1. *Le Roy glorieux au monde* (1664), in-12, p. 48.

pour le caractère et pour l'âge de son adversaire. Soutenu par Louis XIV dans cette nouvelle campagne, Molière put la poursuivre sans risques. Après avoir favorisé un schisme odieux au roi, Cotin pouvait-il oser se présenter devant lui et braver son courroux? Ainsi se trouve expliquée tout naturellement l'absence de l'abbé le jour où les académiciens allèrent remercier Louis XIV de les avoir pris sous sa « protection ». On voit combien nous sommes loin de l'explication de Bazin, et de sa peinture du pauvre abbé qui « ne veut pas que sa présence l'oblige à se plaindre de l'injure toute fraîche qu'il a subie ».

Il aurait fait beau voir Cotin en remontrer à Louis XIV, à celui-là même qui avait autorisé et peut-être imposé l'attaque contre son vieil aumônier! Si Cotin s'absenta, c'est qu'il se sentit à l'index en cour, et si depuis lors il demeura dans l'obscurité et le silence, ce fut par suite de cette maladie dont meurent les courtisans : la disgrâce. Sans cela, qui l'eût empêché, ce bavard indiscret, ce violent persifleur, de se venger après la mort de son ennemi, auquel il survécut plusieurs années?

Il est beaucoup moins intéressant de rechercher si Molière étendit son système de personnalités à tous les héros de sa pièce, et si le cadre ne fut pas choisi arbitrairement parmi ceux qui pouvaient le mieux faire ressortir les piquantes allusions du rôle de Trissotin. Il est admis que *les Femmes sçavantes* ne présentent pas au fond une fable nouvelle. Ce sont des *Précieuses ridicules* rajeunies et accommodées à la société parisienne; mais, comme cette dernière pièce est, à n'en pouvoir douter, la satire de certaines « pécores » provinciales bien connues de Molière, il y a grande exagération à dire que la nouvelle version amplifiée de cette comédie est une œuvre sortie de pied en cap du cerveau de l'auteur comme une satire à peine dissimulée de l'hôtel de Rambouillet. Ce célèbre salon, que nous sommes habitués à considérer comme le berceau de la société polie, l'assemblée sacrosainte où les règles de la conversation élégante ont été tracées, ne peut avoir servi de type au plus fin des causeurs pour sa parodie. Molière s'est attaqué à ces mille contrefaçons du monde des d'Angennes qui pullulaient dans Paris, sans qu'aucune désignation précise puisse être inscrite au pied du tableau. Ce qu'on peut affirmer seulement, c'est qu'après avoir plaisanté la méchante éducation provinciale dans *les Précieuses ridicules*, Molière prit à partie dans *les Femmes sçavantes* un prétendu bon ton parisien. C'est même probablement pour qu'on ne se méprît pas sur ses intentions, et qu'on n'allât pas accoler le nom de l'hôtel de Rambouillet à celui de Cotin, que Molière dissimula jusqu'au dernier moment le titre compromettant de son nouvel ouvrage. Peu de jours avant la représentation des *Femmes sçavantes,* et dans une de ces harangues qu'il avait l'habitude de prononcer vers la fin de l'année théâtrale, il prit soin de se défendre contre les chercheurs d'allusions, manœuvre ou réclame habile qui ne pouvait d'ailleurs nuire à ses intérêts. Ce titre : *Les Femmes sçavantes,* n'apparut qu'au dernier jour. La veille encore, Molière lisait sa pièce à l'hôtel de Retz, et la désignait sous le nom de *Trissotin,* qu'on retrouve aussi plus tard sur le registre de La Grange.

En même temps que les fades plaisantins de salon et leurs sots louangeurs, *les Femmes sçavantes* visèrent cette critique à l'esprit pédantesque habituée à placer une citation sous chacune des phrases de Molière, et à le transformer en plagiaire de la comédie antique et de la scène moderne. La plupart des ressemblances plus ou moins lointaines qu'on montre encore aujourd'hui entre certains passages du théâtre de Molière et les œuvres tant d'Aristophane, de Plaute, de Térence, que de Rotrou, de Cyrano de Bergerac, de Desmarets, de Larivey, des Italiens, des Espagnols, etc., ont été signalées du vivant de l'auteur par des littérateurs malveillants, jaloux de son génie et de ses succès.

Tels sont les prétentieux écrivains que celui-ci mit en action sous l'habit de Vadius. Quoique le portrait soit tracé de telle sorte qu'il soit applicable aux pédants de tous les âges, il nous incombe de rechercher si Molière n'eut pas en vue l'un de ses contemporains. Pour Trissotin, l'enquête fut facile; mais pour Vadius, l'affaire est tout autre, les soupçons du public s'étant trouvés déroutés par l'attitude des intéressés. Le principal fut Ménage; mais à quel sujet? Lorsque Mme de Rambouillet interrogea Ménage sur les traits satiriques et les allusions de la comédie des *Femmes sçavantes*, le grand érudit, qui n'avait pu se tromper sur les intentions de Molière, se contenta de répondre : « J'ai vu la pièce; elle est parfaitement belle; on n'y peut rien trouver à redire ni à critiquer. » Si Ménage s'exprima de la sorte, c'est qu'avec certitude il se savait en dehors du débat.

Sans avoir de grands rapports l'un avec l'autre, Molière et Ménage vivaient en bons termes. On ne cite au compte du dernier qu'une misérable anecdote où il est représenté, en compagnie de Cotin, desservant Molière auprès de Montausier. Tel est, d'après la tradition, le motif pour lequel Molière aurait bafoué si cruellement Ménage. De nos jours on s'est rallié à cette opinion. Aucun autre nom que celui de Ménage n'a encore été prononcé[1].

1. M. Paul Lacroix ne donne pas la preuve que Ménage ait attaqué Molière et l'ait laissé accabler dans son cénacle. Il dit seulement : « On est fondé à croire qu'il donna lieu à Molière de se plaindre de lui et d'user de

L'auteur du *Mercure galant*, qui s'était montré si longtemps l'ennemi de Molière, qui favorisait tout particulièrement le sot louangeur d'Uranie, eut l'audace de confondre dans un même dithyrambe et Molière et Cotin. Le passage est curieux et vaut la peine d'être cité dans son entier :

« Je ne dis rien du personnage de monsieur Trissotin, qui, remply de son savoir et tout gonflé de la gloire qu'il croit avoir méritée, paroît si plein de confiance de luy-mesme qu'il voit le genre humain fort au-dessous de luy.

« ... Le prétendu original de cette agréable comédie ne doit pas s'en mettre en peine, s'il est aussi sage et aussi habile homme que l'on dit; et cela ne servira qu'à faire éclater davantage son mérite, en faisant naistre l'envie de le connoistre, de lire ses escrits et d'aller à ses sermons. Aristophane ne détruisit point la réputation de Socrate en le jouant dans une de ses farces, et ce grand philosophe ne fut pas moins estimé de toute la Grèce. »

Voilà justement dans cette dernière phrase la sorte d'affectation que Molière a voulu atteindre : Aristophane cité à tout propos, Cotin comparé à Socrate, Cotin désigné sous le nom de grand philosophe et recommandé à l'admiration de « toute la Grèce ».

représailles. » (*Iconographie moliéresque*, 2ᵉ édition, p. 141.)

Le *Mercure*, en qualité de journal galant, était la gazette officielle de l'abbé Cotin, et recrutait probablement ses souscripteurs parmi les belles appréciatrices des œuvres badines de l'abbé. C'est ce qu'indique assez Donneau de Visé[1] dans le tome où il rend compte de la fameuse réception faite par Louis XIV à l'Académie française. Parlant des immortels présents à cette solennité, il ajoute :

« Cotin n'étoit point de ce nombre, de peur, *dit-on,* qu'on ne crût qu'il s'estoit servi de cette occasion pour se plaindre au roy de la comédie qu'on prétend que monsieur de Molière ait faite contre luy. Mais on ne peut croire qu'un homme qui est souvent parmi les premières personnes de la cour et que Mademoiselle honore du nom de son amy puisse estre crû l'objet d'une si sanglante satire. »

Après ce gros mot, Donneau de Visé, pour défendre son collaborateur, ne craint pas d'user de subterfuges qui ne pouvaient tromper que les dernières précieuses de province, et non ces curieux de la cour et de la ville auxquels s'adressait son recueil.

« Le portrait qu'on lui attribue ne convient point à un homme qui a fait des ouvrages qui ont eu une approbation aussi générale... Je ne parle point de ses œuvres galantes, dont il y a

1. On écrit indifféremment de Vizé ou de Visé; cette dernière forme était plus usitée au XVIIe siècle.

plusieurs éditions : ce sont des jeux où il s'amu-
soit avant qu'il fist la profession qu'il a em-
brassée avec autant d'austérité qu'il la fait maintenant. » Par ces paroles Donneau de Visé voulait
donner le change sur l'âge de Cotin, lequel avait
bien près de la soixantaine lorsqu'il publia la
première partie de ses œuvres galantes.

La haine du sieur de Visé contre Molière s'é-
tait bien calmée en 1672 ; alors le gazetier, mê-
lant la satire à ses louanges, s'attaquait moins
au comédien qu'au poète. Dans son éloge de
l'École des femmes (*Nouvelles nouvelles*), on sai-
sit sur le vif cette manie d'expliquer et de mettre en relief les prétendus emprunts de Molière.
« L'auteur mérite beaucoup de louanges, pour
avoir choisi, entre tous les sujets *que Straparole
lui fournissoit*, celui qui venoit le mieux au
temps ; *pour s'être servi à propos des mémoires*
que l'on lui donne tous les jours... »

Donneau de Visé sera l'homme dans lequel
nous irons chercher le prototype de Vadius.
Molière niait qu'il eût voulu atteindre Ménage.
Nous le croyons sur parole, et nous nous retour-
nons vers cet intrigant, vers cet habile à double
face, bien fait pour intéresser le poète et qu'il
nous semble avoir eu en vue. Comment lui, si
susceptible, aurait-il négligé de se venger du
méchant critique de ses premières œuvres et de
l'ami excessif de Cotin ? De Visé est l'un des plus
anciens modèles, sinon le premier, de l'écrivain

homme d'affaires. Vadius, cela touche de près à *vadere*, un mot propre à qualifier la vie de ce pionnier littéraire, plus préoccupé de produire des montagnes de livres que des ouvrages mûrement étudiés, marchant sans relâche à la conquête de la fortune et de la renommée. Mais ces particularités ne sont pas les seules qui aient attiré notre attention : de même que le nom de Trissotin est un jeu de mots qui voile à peine le nom du poëte ridicule, le nom de Vadius est contenu dans celui de Donneau de Visé ; c'est un autre jeu d'esprit, une de ces anagrammes à la mode au XVII° siècle, où l'intention du poëte se montre évidente :

Donneau de Visé.

Et maintenant, à considérer les personnages en présence dans la fameuse scène, n'est-il pas plus comique de s'y figurer Cotin et de Visé, admirateurs l'un de l'autre jusqu'à l'hyperbole et hostiles à Molière, se jeter à la face leurs vérités en plein théâtre, que le même Cotin et Ménage, un véritable savant dont le nom, *quoi qu'on die*, restera toujours synonyme de la science unie à l'élégance et à l'esprit? On dira peut-être que de Visé avait alors racheté son passé, et que de contempteur de Molière il était devenu son courtisan. Nous avons montré ce qu'était cet ennemi de la veille, resté le plus chaud patron de Cotin, et dont la plume ne trouvait en faveur du poète des *Femmes sçavantes* que quelques phrases aigres-douces. Si l'on veut chercher d'autres motifs, on objectera que de Visé ne s'est pas reconnu sous les traits de Vadius et que nous sommes bien téméraire d'oser soulever aujourd'hui pareille question. Il serait plus juste de dire que de Visé ne s'est pas vanté du portrait, et c'était agir avec esprit que d'imiter en cela même la conduite de Ménage, et de faire le mort tant que l'attention publique se trouverait dévoyée. Concluons donc. Puisqu'il est de tradition que Molière a peint dans Vadius l'un de ses ennemis, pourquoi aller choisir le nom de Ménage, lorsque vient tout naturellement sur les lèvres celui du fanatique partisan de Cotin, à qui l'on a pu attribuer avec tant de vraisemblance la sanglante satire contre Molière intitulée *Zélinde*?

La première représentation des *Femmes sçavantes* eut lieu sur le théâtre du Palais-Royal, le 11 mars 1672, quelques jours avant les vacances de Pâques. La pièce eut dix-neuf représentations dans sa nouveauté.

Voici la distribution des rôles telle qu'elle nous a été conservée par un article du *Mercure* (juillet 1723), dont les derniers témoins de la vie de Molière ont pu vérifier l'exactitude :

Molière jouait *Chrysale*; Hubert, *Philaminte*; Mlle (madame) Molière, *Henriette*; Baron, *Ariste*;

Geneviève Béjart, *Belise :* La Grange, *Clitandre ;*
La Thorillière, *Trissotin ;* Du Croisy, *Vadius ;*
Martine (servante de Molière), *Martine.*

Le costume de Molière se composait, d'après
l'inventaire retrouvé par Soulié (*Recherches,* 277),
des pièces suivantes : « Juste-au-corps et haut-
de-chausses de velours noir et ramage à fond
aurore, la veste de gaze violette et or, garnie de
boutons, un cordon d'or, jarretières, aiguillettes
et gants. » Le tout est estimé vingt livres.

L'édition originale des *Femmes sçavantes* est
un in-12 de 2 ff., y compris le titre et le privilège, et 92 pp.

Le privilège, que nous réimprimons pour la
première fois (page 5), contient des particularités
que les bibliographes n'ont point encore signalées, quoiqu'elles soient des plus importantes.
Nous voyons par la première date que *les Femmes sçavantes* furent écrites dans le courant de
1670, au plus tard, ce qui nous reporte bien
près du temps où le *Tartuffe* était interdit.
Cette date 31 décembre 1670 est également in-
téressante en ce qu'elle est celle du dernier privilège sollicité par l'auteur avant le privilège
général pour l'impression de ses œuvres, à l'é-
poque même où il faisait enregistrer (mars 1671)
ledit privilège des *Femmes sçavantes.* Deux ans
avant sa fin, Molière se sentait-il déjà com-
promis et songeait-il au règlement de ses affaires?

M. Paul Lacroix (*Bibliographie moliéresque,*
2º édit., p. 20) suppose « que cette première
édition se vendit assez mal, puisque Pierre Tra-
bouillet, qui en avait des exemplaires, les remit
en vente cinq ans plus tard, avec un nouveau titre,
portant son nom et son adresse, et daté de 1676. »

LOUIS LACOUR.

NOTES ET VARIANTES

Page 8, ligne 14 :

Quand une personne...

Ce vers et le suivant, si l'on en croit une indiscrétion de Monchenay (*Bolœana*), auraient été modifiés sur les conseils de Boileau. Molière aurait écrit d'abord :

Quand sur une personne on prétend s'ajuster,
C'est par les beaux côtés qu'il la faut imiter.

P. 15, l. 25 :

Que rencontrant un homme un jour dans le Palais.

Les galeries du Palais de justice étaient, au XVIIe siècle, le rendez-vous du tout Paris galant et littéraire, et pour les marchands l'unique bazar à la mode. Les écrivains qui n'avaient pas d'éditeur au Palais voulaient quand même faire figurer ce lieu d'origine sur leurs ouvrages. Voyez, par exemple, le titre original des *Femmes sçavantes*, ci-dessus.

P. 26, l. 4 :

Me voilà bien chanceuse ! Hélas l'an dit bien vray.

Un article du *Mercure* de juillet 1723, déjà cité plus haut, a fait connaître que le rôle de Martine était tenu dès l'origine par une servante de Molière, autant dire une élève qu'il utilisait dans sa maison. La fille parlait comme au village et disait à la vieille mode « l'an dit » tout naturellement. Après la mort de Molière, sa troupe, plus raffinée, bannit le pronom archaïque ; c'est du moins ce que l'on peut inférer de la variante fournie par l'édition de 1682, où « l'an dit » est devenu tout simplement « l'on dit ». Martine, dont le rôle a tant d'importance, est beaucoup moins une paysanne que la personnification du peuple bonasse d'alors, resté attaché à sa vieille langue, tant regrettée par La Bruyère et qui n'a laissé de traces que sur les rochers de Serk et dans les campagnes du Canada.

P. 47, l. 11 :

Silence ma nièce.

Molière a laissé ce vers inachevé.

P. 49, l. 17 :

Dy plutost qu'il est de ma rente.

Cette « épigramme » et le sonnet qui la précède sont effectivement de Cotin : *Œuvres galantes, en prose et en vers, de M. Cotin.* Paris, Loyson, 1663, in-12. La princesse Uranie du sonnet est la duchesse de Nemours, précédemment princesse de Longueville, si sensible aux éloges des gens de lettres, quelle que fût leur médiocrité.

P. 75, l. 10 :

Elle eust esté brisée en morceaux comme verre.

Allusion à un autre écrit de Cotin intitulé *Galanterie sur la comète apparue en décembre 1664 et janvier 1665.*

P. 80, l. 10 :

Et de qui j'ay l'honneur de me voir le valet.

VAR. :

Et de qui j'ay l'honneur d'estre l'humble valet.

(1682.)

LES
FEMMES
SÇAVANTES.

COMEDIE.

Par I. B. P. MOLIERE.

Et se vend pour l'Autheur
A PARIS,
Au Palais, &
Chez PIERRE PROME', sur le Quay
des Grands Augustins, à la Charité.

M. DC. LXXII.
AVEC PRIVILEGE DV ROY.

Extrait du Privilege du Roy.

PAr Grace et Privilege du Roy, donné à Paris le 31. Decembre 1670. Signé, Par le Roy en son Conseil, GUITONNEAU. Il est permis à I. B. P. MOLIERE, de faire imprimer par tel Imprimeur ou Libraire qu'il voudra choisir, une Piece de Theatre de sa composition, intitulée *Les Femmes sçavantes*; et ce pendant le temps et espace de dix ans, à compter du jour que ladite Piece sera achevée d'imprimer pour la premiere fois : Et defenses sont faites à toutes Personnes de quelque qualité et condition, qu'ils soient, d'imprimer, ou faire imprimer ladite Piece, sans le consentement de l'Exposant, ou de ceux qui auront droict de luy, à peine de six mil livres d'amende, et de tous despens, dommages et interests, ainsi que plus au long il est porté audit Privilege.

Registré sur le Livre de la Communauté, le 13. Mars 1671.

Signé, L. SEVESTRE, Syndic.

Achevé d'imprimer le 10. Decembre 1672.

ACTEURS.

CHRISALE, Bon Bourgeois.

PHILAMINTE, Femme de Chrisale.

ARMANDE, } Filles de Chrisale et de
HENRIETTE, } Philaminte.

ARISTE, Frere de Chrisale.

BELISE, Sœur de Chrisale.

CLITANDRE, Amant d'Henriette.

TRISSOTIN, Bel Esprit.

VADIUS, Sçavant.

MARTINE, Servante de Cuisine.

L'EPINE, Laquais.

JULIEN, Valet de Vadius.

LE NOTAIRE.

La Scene est à Paris.

LES FEMMES
SÇAVANTES
COMEDIE.

ACTE PREMIER.
SCENE PREMIERE.

ARMANDE, HENRIETTE.

ARMANDE.

QUoy, le beau nom de Fille est un titre, ma
  Sœur,
Dont vous voulez quitter la charmante
  douceur?
Et de vous marier vous osez faire feste?
Ce vulgaire dessein vous peut monter en teste?

HENRIETTE.

Oüy, ma Sœur.

ARMANDE.

Ah ce oüy se peut-il suporter ?
Et sans un mal de cœur sçauroit-on l'écouter ?

HENRIETTE.

Qu'a donc le Mariage en soy qui vous oblige,
Ma Sœur...

ARMANDE.

Ah mon Dieu, fy.

HENRIETTE.

Comment ?

ARMANDE.

Ah fy, vous dy-je.
Ne concevez-vous point ce que, dés qu'on l'entend,
Un tel mot à l'Esprit offre de dégoûtant ?
De quelle étrange image on est par luy blessée ?
Sur quelle sale veuë il traisne la pensée ?
N'en frissonnez-vous point ? et pouvez-vous, ma Sœur,
Aux suites de ce mot résoudre vostre cœur ?

HENRIETTE.

Les suites de ce mot, quand je les envisage,
Me font voir un Mary, des Enfans, un Ménage ;
Et je ne voy rien là, si j'en puis raisonner,
Qui blesse la pensée, et fasse frissonner.

ARMANDE.

De tels attachemens, ô Ciel ! sont pour vous plaire ?

HENRIETTE.

Et qu'est-ce qu'à mon âge on a de mieux à faire,
Que d'attacher à soy, par le titre d'Epous,
Un Homme qui vous aime, et soit aimé de vous ;
Et de cette union de tendresse suivie,
Se faire les douceurs d'une innocente vie?
Ce nœud bien assorty n'a-t-il pas des appas ?

ARMANDE.

Mon Dieu, que vostre Esprit est d'un étage bas !

Que vous joüez au Monde un petit Personnage,
De vous claquemurer aux choses du Ménage,
Et de n'entrevoir point de plaisirs plus touchans,
Qu'un Idole d'Epous, et des marmots d'Enfans!
Laissez aux Gens grossiers, aux Personnes vulgaires,
Les bas amusemens de ces sortes d'affaires.
A de plus hauts objets élevez vos desirs.
Songez à prendre un goust des plus nobles plaisirs,
Et traittant de mépris les sens et la matiere,
A l'Esprit comme nous donnez-vous toute entière :
Vous avez nostre Mere en exemple à vos yeux,
Que du nom de Sçavante on honore en tous lieux,
Tâchez ainsi que moy de vous montrer sa Fille,
Aspirez aux clartez qui sont dans la Famille,
Et vous rendez sensible aux charmantes douceurs
Que l'amour de l'Etude épanche dans les cœurs :
Loin d'estre aux loix d'un Homme en Esclave asservie ;
Mariez-vous, ma Sœur, à la Philosophie,
Qui nous monte au dessus de tout le Genre Humain,
Et donne à la Raison l'empire souverain,
Soûmettant à ses loix la partie animale
Dont l'appétit grossier aux Bestes nous ravale.
Ce sont là les beaux feux, les doux attachemens,
Qui doivent de la vie occuper les momens ;
Et les soins où je voy tant de Femmes sensibles,
Me paroissent aux yeux des pauvretez horribles.

HENRIETTE.

Le Ciel, dont nous voyons que l'ordre est tout puissant,
Pour diférens emplois nous fabrique en naissant ;
Et tout Esprit n'est pas composé d'une étoffe
Qui se trouve taillée à faire un Philosophe.
Si le vostre est né propre aux élevations
Où montent des Sçavans les spéculations,
Le mien est fait, ma Sœur, pour aller terre à terre,
Et dans les petits soins son foible se resserre.

Ne troublons point du Ciel les justes reglemens,
Et de nos deux instincts suivons les mouvemens;
Habitez par l'essor d'un grand et beau génie,
Les hautes regions de la Philosophie.
Tandis que mon Esprit se tenant icy-bas,
Goûtera de l'Hymen les terrestres appas.
Ainsi dans nos desseins l'une à l'autre contraire,
Nous sçaurons toutes deux imiter nostre Mere;
Vous, du costé de l'ame et des nobles desirs,
Moy, du costé des sens et des grossiers plaisirs;
Vous, aux productions d'Esprit et de lumiere,
Moy, dans celles, ma Sœur, qui sont de la matiere.

ARMANDE.

Quand sur une Personne on prétend se régler,
C'est par les beaux costez qu'il luy faut ressembler;
Et ce n'est point du tout la prendre pour modelle,
Ma Sœur, que de tousser et de cracher comme elle.

HENRIETTE.

Mais vous ne seriez pas ce dont vous vous vantez,
Si ma Mere n'eust eu que de ces beaux costez;
Et bien vous prend, ma Sœur, que son noble génie
N'ait pas vaqué toûjours à la Philosophie.
De grace, souffrez-moy par un peu de bonté
Des bassesses à qui vous devez la clarté;
Et ne suprimez point, voulant qu'on vous seconde,
Quelque petit Sçavant qui veut venir au monde.

ARMANDE.

Je voy que vostre Esprit ne peut estre guery
Du fol entestement de vous faire un Mary :
Mais sçachons, s'il vous plaist, qui vous songez à prendre?
Vostre visée au moins n'est pas mise à Clitandre.

HENRIETTE.

Et par quelle raison n'y seroit-elle pas?
Manque-t-il de mérite? est-ce un choix qui soit bas?

ARMANDE.

Non, mais c'est un dessein qui seroit mal-honneste,
Que de vouloir d'un autre enlever la conqueste;
Et ce n'est pas un fait dans le Monde ignoré,
Que Clitandre ait pour moy hautement soûpiré.

HENRIETTE.

Oüy, mais tous ces soûpirs chez vous sont choses vaines,
Et vous ne tombez point aux bassesses humaines;
Vostre Esprit à l'Hymen renonce pour toûjours,
Et la Philosophie a toutes vos amours:
Ainsi n'ayant au cœur nul dessein pour Clitandre,
Que vous importe-t-il qu'on y puisse prétendre?

ARMANDE.

Cet empire que tient la Raison sur les sens,
Ne fait pas renoncer aux douceurs des encens;
Et l'on peut pour Epous refuser un mérite
Que pour adorateur on veut bien à sa suite.

HENRIETTE.

Je n'ay pas empesché qu'à vos perfections
Il n'ait continué ses adorations;
Et je n'ay fait que prendre, au refus de vostre ame,
Ce qu'est venu m'offrir l'hommage de sa flame.

ARMANDE.

Mais à l'offre des vœux d'un Amant dépité,
Trouvez-vous, je vous prie, entiere seûreté?
Croyez-vous pour vos yeux sa passion bien forte,
Et qu'en son cœur pour moy toute flame soit morte?

HENRIETTE.

Il me le dit, ma Sœur, et pour moy je le croy.

ARMANDE.

Ne soyez pas, ma Sœur, d'une si bonne foy,
Et croyez, quand il dit qu'il me quitte et vous aime,
Qu'il n'y songe pas bien, et se trompe luy-mesme.

HENRIETTE.

Je ne sçay; Mais enfin, si c'est vostre plaisir,

Il nous est bien aisé de nous en éclaircir.
Je l'apperçoy qui vient, et sur cette matiere
Il pourra nous donner une pleine lumiere.

SCENE II.

CLITANDRE, ARMANDE, HENRIETTE.

HENRIETTE.

Pour me tirer d'un doute où me jette ma Sœur,
Entre elle et moy, Clitandre, expliquez vostre cœur,
Découvrez-en le fond, et nous daignez apprendre
Qui de nous à vos vœux est en droit de pretendre.

ARMANDE.

Non, non, je ne veux point à vostre passion
Imposer la rigueur d'une explication ;
Je ménage les Gens, et sçay comme embarasse
Le contraignant effort de ces aveus en face.

CLITANDRE.

Non, Madame, mon cœur qui dissimule peu,
Ne sent nulle contrainte à faire un libre aveu ;
Dans aucun embarras un tel pas ne me jette,
Et j'avoûray tout haut d'une ame franche et nette,
Que les tendres liens où je suis arresté,
Mon amour et mes vœux, sont tout de ce costé.
Qu'à nulle émotion cet aveu ne vous porte ;

Vous avez bien voulu les choses de la sorte,
Vos attraits m'avoient pris, et mes tendres soûpirs
Vous ont assez prouvé l'ardeur de mes desirs :
Mon cœur vous consacroit une flame immortelle,
Mais vos yeux n'ont pas crû leur conqueste assez belle ;
J'ay souffert sous leur joug cent mépris diférens,
Ils regnoient sur mon ame en superbes tyrans,
Et je me suis cherché, lassé de tant de peines,
Des vainqueurs plus humains, et de moins rudes chaînes :
Je les ay rencontrez, Madame, dans ces yeux,
Et leurs traits à jamais me seront précieux ;
D'un regard pitoyable ils ont seché mes larmes,
Et n'ont pas dédaigné le rebut de vos charmes ;
De si rares bontez m'ont si bien sçeu toucher,
Qu'il n'est rien qui me puisse à mes fers arracher :
Et j'ose maintenant vous conjurer, Madame,
De ne vouloir tenter nul effort sur ma flame,
De ne point essayer à rappeller un cœur
Résolu de mourir dans cette douce ardeur.

ARMANDE.

Eh qui vous dit, Monsieur, que l'on ait cette envie,
Et que de vous enfin si fort on se soucie ?
Je vous trouve plaisant, de vous le figurer ;
Et bien impertinent, de me le déclarer.

HENRIETTE.

Eh doucement, ma Sœur. Où donc est la Morale
Qui sçait si bien régir la partie animale,
Et retenir la bride aux efforts du courroux ?

ARMANDE.

Mais vous qui m'en parlez, où la pratiquez-vous,
De répondre à l'amour que l'on vous fait parestre,
Sans le congé de ceux qui vous ont donné l'estre ?
Sçachez que le devoir vous soûmet à leurs loix,
Qu'il ne vous est permis d'aimer que par leur choix.

Qu'ils ont sur vostre cœur l'authorité supréme,
Et qu'il est criminel d'en disposer vous-mesme.

HENRIETTE.

Je rens grace aux bontez que vous me faites voir,
De m'enseigner si bien les choses du devoir;
Mon cœur sur vos leçons veut regler sa conduite,
Et pour vous faire voir, ma Sœur, que j'en profite,
Clitandre, prenez soin d appuyer vostre amour
De l'agrément de ceux dont j'ay reçeu le jour,
Faites-vous sur mes vœux un pouvoir legitime,
Et me donnez moyen de vous aimer sans crime.

CLITANDRE.

J'y vay de tous mes soins travailler hautement,
Et j'attendois de vous ce doux consentement.

ARMANDE.

Vous triomphez, ma Sœur, et faites une mine
A vous imaginer que cela me chagrine.

HENRIETTE.

Moy, ma Sœur, point du tout, je sçay que sur vos sens
Les droits de la Raison sont toûjours touts puissans,
Et que par les leçons qu'on prend dans la Sagesse,
Vous estes au dessus d'une telle foiblesse.
Loin de vous soupçonner d'aucun chagrin, je croy
Qu'icy vous daignerez vous employer pour moy,
Appuyer sa demande, et de vostre suffrage
Presser l'heureux moment de nostre Mariage.
Je vous en sollicite, et pour y travailler...

ARMANDE.

Vostre petit Esprit se mesle de railler,
Et d'un cœur qu'on vous jette on vous voit toute fiere.

HENRIETTE.

Tout jetté qu'est ce cœur, il ne vous déplaist guere;
Et si vos yeux sur moy le pouvoient ramasser,
Ils prendroient aisément le soin de se baisser.

ARMANDE.

A répondre à cela je ne daigne descendre,
Et ce sont sots discours qu'il ne faut pas entendre.

HENRIETTE.

C'est fort bien fait à vous, et vous nous faites voir
Des modérations qu'on ne peut concevoir.

SCENE III.

CLITANDRE, HENRIETTE.

HENRIETTE.

Vostre sincére aveu ne l'a pas peu surprise.

CLITANDRE.

Elle mérite assez une telle franchise,
Et toutes les hauteurs de sa folle fierté
Sont dignes tout au moins de ma sincerité :
Mais puis qu'il m'est permis, je vais à vostre Pere,
Madame...

HENRIETTE.

Le plus seûr est de gagner ma Mere :
Mon Pere est d'une humeur à consentir à tout ;
Mais il met peu de poids aux choses qu'il résout ;
Il a reçeu du Ciel certaine bonté d'ame,
Qui le soûmet d'abord à ce que veut sa Femme ;
C'est elle qui gouverne, et d'un ton absolu
Elle dicte pour loy ce qu'elle a résolu.
Je voudrois bien vous voir pour elle, et pour ma Tante,

Une ame, je l'avoüe, un peu plus complaisante,
Un esprit qui flatant les visions du leur,
Vous pût de leur estime attirer la chaleur.

CLITANDRE.

Mon cœur n'a jamais pû, tant il est né sincere,
Mesme dans vostre Sœur flater leur caractere,
Et les Femmes Docteurs ne sont point de mon goust.
Je consens qu'une Femme ait des clartez de tout,
Mais je ne luy veux point la passion choquante
De se rendre sçavante afin d'estre Sçavante ;
Et j'aime que souvent aux questions qu'on fait,
Elle sçache ignorer les choses qu'elle sçait ;
De son étude enfin je veux qu'elle se cache,
Et qu'elle ait du sçavoir sans vouloir qu'on le sçache,
Sans citer les Autheurs, sans dire de grands mots,
Et cloüer de l'esprit à ses moindres propos.
Je respecte beaucoup Madame vostre Mere,
Mais je ne puis du tout aprouver sa chimere,
Et me rendre l'écho des choses qu'elle dit
Aux encens qu'elle donne à son Héros d'esprit.
Son Monsieur Trissotin me chagrine, m'assomme,
Et j'enrage de voir qu'elle estime un tel Homme,
Qu'elle nous mette au rang des grands et beaux Esprits
Un Benest dont partout on sifle les Ecrits,
Un Pédant dont on voit la plume liberale
D'officieux papiers fournir toute la Hale.

HENRIETTE.

Ses Ecrits, ses discours, tout m'en semble ennuyeux,
Et je me trouve assez vostre goust et vos yeux ;
Mais comme sur ma Mere il a grande puissance,
Vous devez vous forcer à quelque complaisance.
Un Amant fait sa Cour où s'attache son cœur,
Il veut de tout le Monde y gagner la faveur ;
Et pour n'avoir personne à sa flame contraire,
Jusqu'au Chien du Logis il s'efforce de plaire.

CLITANDRE.

Oüy, vous avez raison ; mais Monsieur Trissotin
M'inspire au fond de l'ame un dominant chagrin.
Je ne puis consentir, pour gagner ses suffrages,
A me des-honorer, en prisant ses Ouvrages ;
C'est par eux qu'à mes yeux il a d'abord parû,
Et je le connoissois avant que l'avoir vû.
Je vis dans le fatras des Ecrits qu'ils nous donne,
Ce qu'étale en tous lieux sa pédante Personne,
La constante hauteur de sa présomption ;
Cette intrépidité de bonne opinion ;
Cet indolent état de confiance extréme,
Qui le rend en tout temps si content de soy-mesme,
Qui fait qu'à son mérite incessamment il rit ;
Qu'il se sçait si bon gré de tout ce qu'il écrit ;
Et qu'il ne voudroit pas changer sa renommée
Contre tous les honneurs d'un General d'Armée.

HENRIETTE.

C'est avoir de bons yeux, que de voir tout cela.

CLITANDRE.

Jusques à sa Figure encor la chose alla,
Et je vis par les Vers qu'à la teste il nous jette,
De quel air il falloit que fut fait le Poëte ;
Et j'en avois si bien deviné tous les traits,
Que rencontrant un Homme un jour dans le Palais,
Je gageay que c'estoit Trissotin en personne,
Et je vis qu'en effet la gageure estoit bonne.

HENRIETTE.

Quel conte !

CLITANDRE.

Non, je dis la chose comme elle est :
Mais je voy vostre Tante. Agréez, s'il vous plaist,
Que mon cœur luy declare icy nostre mistere,
Et gagne sa faveur auprés de vostre Mere.

SCENE IV.

CLITANDRE, BELISE.

CLITANDRE.

SOuffrez, pour vous parler, Madame, qu'un Amant
Prenne l'occasion de cet heureux moment,
Et se découvre à vous de la sincere flame...

BELISE.

Ah tout beau, gardez vous de m'ouvrir trop vostre ame :
Si je vous ay sçeu mettre au rang de mes Amans,
Contentez-vous des yeux pour vos seuls truchemens,
Et ne m'expliquez point par un autre langage
Des desirs qui chez moy passent pour un outrage ;
Aimez moy, soûpirez, brulez pour mes appas,
Mais qu'il me soit permis de ne le sçavoir pas :
Je puis fermer les yeux sur vos flames secrettes,
Tant que vous vous tiendrez aux müets Interpretes ;
Mais si la bouche vient à s'en vouloir mesler,
Pour jamais de ma veuë il vous faut exiler.

CLITANDRE.

Des projets de mon cœur ne prenez point d'alarme ;
Henriette, Madame, est l'objet qui me charme,
Et je viens ardemment conjurer vos bontez
De seconder l'amour que j'ay pour ses beautez.

BELISE.

Ah certes le détour est d'esprit, je l'avoüe,

Ce subtil faux-fuyant mérite qu'on le loüe ;
Et dans tous les Romans où j'ay jetté les yeux,
Je n'ay rien rencontré de plus ingénieux.

CLITANDRE.

Cecy n'est point du tout un trait d'esprit, Madame,
Et c'est un pur aveu de ce que j'ay dans l'ame.
Les Cieux, par les liens d'une immüable ardeur,
Aux beautez d'Henriette ont attaché mon cœur ;
Henriette me tient sous son aimable empire,
Et l'hymen d'Henriette est le bien où j'aspire ;
Vous y pouvez beaucoup, et tout ce que je veux,
C'est que vous y daigniez favoriser mes vœux.

BELISE.

Je vois où doucement veut aller la démande,
Et je sçay sous ce nom ce qu'il faut que j'entende ;
La Figure est adroite, et pour n'en point sortir,
Aux choses que mon cœur m'offre à vous repartir,
Je diray qu'Henriette à l'Hymen est rebelle,
Et que sans rien prétendre, il faut bruler pour elle.

CLITANDRE.

Eh, Madame, à quoy bon un pareil embarras,
Et pourquoy voulez-vous penser ce qui n'est pas ?

BELISE.

Mon Dieu, point de façons ; cessez de vous défendre
De ce que vos regards m'ont souvent fait entendre ;
Il suffit que l'on est contente du détour
Dont s'est adroitement avisé vostre amour,
Et que sous la Figure où le respect l'engage,
On veut bien se résoudre à souffrir son hommage,
Pourveu que ses transports par l'honneur éclairez
N'offrent à mes Autels que des vœux épurez.

CLITANDRE.

Mais...

BELISE.

Adieu, pour ce coup cecy doit vous suffire,
Et je vous ay plus dit que je ne voulois dire.

CLITANDRE.

Mais vostre erreur...

BELISE.

Laissez, je rougis maintenant,
Et ma pudeur s'est fait un effort surprenant.

CLITANDRE.

Je veux estre pendu, si je vous aime, et sage...

BELISE.

Non, non, je ne veux rien entendre davantage.

CLITANDRE.

Diantre soit de la folle avec ses visions.
A-t-on rien veu d'égal à ses préventions?
Allons commettre un autre au soin que l'on me donne,
Et prenons le secours d'une sage Personne.

Fin du Premier Acte.

ACTE II.

SCENE PREMIERE.

ARISTE.

Uy, je vous porteray la réponse au plûtost ;
J'appuyray, presseray, feray tout ce qu'il
    faut.
Qu'un Amant, pour un mot, a de choses
    à dire !
Et qu'impatiemment il veut ce qu'il desire !
Jamais...

SCENE II.

CHRISALE, ARISTE.

ARISTE.

AH, Dieu vous gard', mon Frere.

CHRISALE.

                            Et vous aussy,
Mon Frere.

ARISTE.
Sçavez-vous ce qui m'amene icy ?

CHRISALE.
Non ; mais, si vous voulez, je suis prest à l'apprendre.

ARISTE.
Depuis assez long-temps vous connoissez Clitandre ?

CHRISALE.
Sans doute, et je le voy qui fréquente chez nous.

ARISTE.
En quelle estime est-il, mon Frere, auprés de vous ?

CHRISALE.
D'Homme d'honneur, d'esprit, de cœur, et de conduite,
Et je voy peu de Gens qui soient de son mérite.

ARISTE.
Certain desir qu'il a, conduit icy mes pas,
Et je me réjouïs que vous en fassiez cas.

CHRISALE.
Je connus feu son Pere en mon Voyage à Rome.

ARISTE.
Fort-bien.

CHRISALE.
C'estoit, mon Frere, un fort bon Gentilhomme.

ARISTE.
On le dit.

CHRISALE.
Nous n'avions alors que vingt-huit ans,
Et nous estions, ma foy, tous deux de Vert-Galans.

ARISTE.
Je le croy.

CHRISALE.
Nous donnions chez les Dames Romaines.

Et tout le Monde là parloit de nos fredaines ;
Nous faisions des Jalous.

ARISTE.
                    Voila qui va des mieux :
Mais venons au sujet qui m'amene en ces lieux.

SCENE III.

BELISE, CHRISALE, ARISTE.

ARISTE.
CLitandre auprés de vous me fait son Interprete,
Et son cœur est épris des graces d'Henriette.

CHRISALE.
Quoy, de ma Fille ?

ARISTE.
                    Oüy, Clitandre en est charmé,
Et je ne vis jamais Amant plus enflâmé.

BELISE.
Non, non, je vous entens, vous ignorez l'histoire,
Et l'affaire n'est pas ce que vous pouvez croire.

ARISTE.
Comment, ma Sœur ?

BELISE.
                    Clitandre abuse vos esprits,
Et c'est d'un autre Objet que son cœur est épris.

ARISTE.

Vous raillez. Ce n'est pas Henriette qu'il aime?

BELISE.

Non, j'en suis assurée.

ARISTE.

    Il me l'a dit luy-mesme.

BELISE.

Eh oüy.

ARISTE.

   Vous me voyez, ma Sœur, chargé par luy
D'en faire la demande à son Pere aujourd'huy.

BELISE.

Fort bien.

ARISTE.

   Et son amour mesme m'a fait instance
De presser les momens d'une telle alliance.

BELISE.

Encor mieux. On ne peut tromper plus galamment.
Henriette, entre nous, est un amusement,
Un voile ingénieux, un prétexte, mon Frere,
A couvrir d'autres feux dont je sçay le mistere,
Et je veux bien tous deux vous mettre hors d'erreur.

ARISTE.

Mais puis que vous sçavez tant de choses, ma Sœur,
Dites nous, s'il vous plaist, cet autre Objet qu'il aime?

BELISE.

Vous le voulez sçavoir?

ARISTE.

   Oüy. Quoy?

BELISE.

      Moy.

ARISTE.

       Vous?

BELISE.

Moy-mesme.

ARISTE.

Hay, ma Sœur!

BELISE.

Qu'est-ce donc que veut dire ce Hay,
Et qu'a de surprenant le discours que je fay?
On est faite d'un air je pense à pouvoir dire
Qu'on n'a pas pour un Cœur soûmis à son empire;
Et Dorante, Damis, Cleonte, et Licidas,
Peuvent bien faire voir qu'on a quelques appas.

ARISTE

Ces Gens vous aiment?

BELISE.

Oüy, de toute leur puissance.

ARISTE.

Il vous l'ont dit?

BELISE.

Aucun n'a pris cette licence;
Ils m'ont sçeu revérer si fort jusqu'à ce jour,
Qu'ils ne m'ont jamais dit un mot de leur amour:
Mais pour m'offrir leur cœur, et voüer leur service,
Les müets truchemens ont tous fait leur office.

ARISTE.

On ne voit presque point ceans venir Damis.

BELISE.

C'est pour me faire voir un respect plus soûmis.

ARISTE.

De mots piquans par tout Dorante vous outrage.

BELISE.

Ce sont emportemens d'une jalouse rage.

ARISTE.

Cleonte et Licidas ont pris Femme tous deux.

BELISE.
C'est par un desespoir où j'ay réduit leurs feux.
ARISTE.
Ma foy, ma chere Sœur, vision toute claire.
CHRISALE.
De ces chimeres-là vous devez vous défaire.
BELISE.
Ah chimeres! Ce sont des chimeres, dit-on!
Chimeres, moy! Vrayment chimeres est fort bon!
Je me réjoüis fort de chimeres, mes Freres,
Et je ne sçavois pas que j'eusse des chimeres.

SCENE IV.

CHRISALE, ARISTE.

CHRISALE.
Nostre Sœur est fole, oüy.
ARISTE.
Cela croist tous les jours.
Mais, encore une fois, reprenons le discours.
Clitandre vous demande Henriette pour Femme,
Voyez quelle réponse on doit faire à sa flame?
CHRISALE.
Faut-il le demander? J'y consens de bon cœur,
Et tiens son alliance à singulier honneur.

ARISTE.

Vous sçavez que de bien il n'a pas l'abondance,
Que...

CHRISALE.

C'est un intérest qui n'est pas d'importance;
Il est riche en vertu, cela vaut des trésors,
Et puis son Pere et moy n'estions qu'un en deux corps.

ARISTE.

Parlons à vostre Femme, et voyons à la rendre
Favorable...

CHRISALE.

Il suffit, je l'accepte pour Gendre.

ARISTE.

Oüy ; mais pour appuyer vostre consentement,
Mon Frere, il n'est pas mal d'avoir son agrément,
Allons...

CHRISALE.

Vous mocquez-vous ? il n'est pas necessaire,
Je répons de ma Femme, et prens sur moy l'affaire.

ARISTE.

Mais...

CHRISALE.

Laissez faire, dy-je, et n'appréhendez pas.
Je la vais disposer aux choses de ce pas.

ARISTE.

Soit. Je vay là-dessus sonder vostre Henriette,
Et reviendray sçavoir...

CHRISALE.

C'est une affaire faite,
Et je vais à ma Femme en parler sans delay.

SCENE V.

MARTINE, CHRISALE.

MARTINE.

ME voila bien chanceuse! Helas l'an dit bien vray,
Qui veut noyer son Chien, l'accuse de la rage,
Et service d'autruy n'est pas un heritage.

CHRISALE.
Qu'est-ce donc? Qu'avez-vous Martine?

MARTINE.
Ce que j'ay?

CHRISALE.
Oüy?

MARTINE.
J'ay que l'an me donne aujourd'huy mon congé,
Monsieur.

CHRISALE.
Vostre congé!

MARTINE.
Oüy, Madame me chasse.

CHRISALE.
Je n'entens pas cela. Comment?

MARTINE.
On me menace,
Si je ne sors d'icy, de me bailler cent coups.

CHRISALE.

Non, vous demeurerez, je suis content de vous ;
Ma Femme bien-souvent a la teste un peu chaude,
Et je ne veux pas, moy...

SCENE VI.

PHILAMINTE, BELISE, CHRISALE,
MARTINE.

PHILAMINTE.

QUoy, je vous voy, Maraude ?
Viste, sortez, Friponne ; allons, quittez ces lieux,
Et ne vous presentez jamais devant mes yeux.

CHRISALE.

Tout doux.

PHILAMINTE.
Non, ç'en est fait.

CHRISALE.
Eh.

PHILAMINTE.
Je veux qu'elle sorte.

CHRISALE.
Mais qu'a-t-elle commis, pour vouloir de la sorte...

PHILAMINTE.

Quoy, vous la soûtenez?

CHRISALE.

En aucune façon.

PHILAMINTE.

Prenez-vous son party contre moy?

CHRISALE.

Mon Dieu non;
Je ne fais seulement que demander son crime.

PHILAMINTE.

Suis-je pour la chasser sans cause légitime?

CHRISALE.

Je ne dis pas cela, mais il faut de nos Gens...

PHILAMINTE.

Non, elle sortira, vous dis-je, de ceans.

CHRISALE.

Hé bien oüy. Vous dit-on quelque chose là-contre?

PHILAMINTE.

Je ne veux point d'obstacle aux desirs que je montre.

CHRISALE.

D'accord.

PHILAMINTE.

Et vous devez en raisonnable Epous,
Estre pour moy contre elle, et prendre mon courroux.

CHRISALE.

Aussi fais-je. Oüy, ma Femme avec raison vous chasse,
Coquine, et vostre crime est indigne de grace.

MARTINE.

Qu'est-ce donc que j'ay fait?

CHRISALE.

Ma foy je ne sçay pas.

PHILAMINTE.

Elle est d'humeur encor à n'en faire aucun cas.

CHRISALE.
A-t-elle, pour donner matiere à vostre haine,
Cassé quelque Miroir, ou quelque Porcelaine?
PHILAMINTE.
Voudrois-je la chasser, et vous figurez-vous
Que pour si peu de chose on se mette en courroux?
CHRISALE.
Qu'est-ce à dire? L'affaire est donc considérable?
PHILAMINTE.
Sans doute. Me voit-on Femme déraisonnable?
CHRISALE.
Est-ce qu'elle a laissé, d'un esprit negligent,
Dérober quelque Aiguiere, ou quelque Plat d'argent?
PHILAMINTE.
Cela ne seroit rien.
CHRISALE.
Oh, oh! Peste, la Belle!
Quoy, l'avez-vous surprise à n'estre pas fidelle?
PHILAMINTE.
C'est pis que tout cela.
CHRISALE.
Pis que tout cela?
PHILAMINTE.
Pis.
CHRISALE.
Comment diantre, Friponne! Euh? A-t-elle commis...
PHILAMINTE.
Elle a, d'une insolence à nulle autre pareille,
Aprés trente leçons, insulté mon oreille,
Par l'improprieté d'un mot sauvage et bas,
Qu'en termes décisifs condamne Vaugelas.
CHRISALE.
Est-ce là...

PHILAMINTE.
Quoy, toûjours malgré nos remontrances,
Heurter le fondement de toutes les Sciences;
La Grammaire qui sçait régenter jusqu'aux Rois,
Et les fait la main haute obeïr à ses loix?

CHRISALE.
Du plus grand des forfaits je la croyois coupable.

PHILAMINTE.
Quoy, vous ne trouvez pas ce crime impardonnable?

CHRISALE.
Siffait.

PHILAMINTE.
Je voudrois bien que vous l'excusassiez.

CHRISALE.
Je n'ay garde.

BELISE.
Il est vray que ce sont des pitiez,
Toute construction est par elle détruite,
Et des loix du Langage on l'a cent fois instruite.

MARTINE.
Tout ce que vous preschez est je croy bel et bon;
Mais je ne sçaurois, moy, parler vostre jargon.

PHILAMINTE.
L'Impudente! Appeller un jargon le langage
Fondé sur la Raison et sur le bel Usage!

MARTINE.
Quand on se fait entendre, on parle toûjours bien,
Et tous vos biaux dictons ne servent pas de rien.

PHILAMINTE.
Hé bien, ne voila pas encore de son stile,
Ne servent pas de rien!

BELISE.
O cervelle indocile!
Faut-il qu'avec les soins qu'on prend incessamment,

On ne te puisse apprendre à parler congrûment ?
De *pas*, mis avec *rien*, tu fais la récidive,
Et c'est, comme on t'a dit, trop d'une négative.

MARTINE.

Mon Dieu, je n'avons pas étugué comme vous,
Et je parlons tout droit comme on parle cheux nous.

PHILAMINTE.

Ah peut-on y tenir !

BELISE.

Quel solécisme horrible !

PHILAMINTE.

En voila pour tuer une oreille sensible.

BELISE.

Ton esprit, je l'avouë, est bien matériel.
Ie, n'est qu'un singulier ; *avons*, est pluriel.
Veux-tu toute ta vie offencer la Grammaire ?

MARTINE.

Qui parle d'offencer Grand' Mere, ny Grand Pere ?

PHILAMINTE.

O Ciel !

BELISE.

Grammaire est prise à contre-sens par toy,
Et je t'ay dit déja d'où vient ce mot.

MARTINE.

Ma foy,
Qu'il vienne de Chaillot, d'Hauteüil, ou de Pontoise,
Cela ne me fait rien.

BELISE.

Quelle ame villageoise !
La Grammaire, du verbe et du nominatif,
Comme de l'Adjectif avec le Substantif,
Nous enseigne les loix.

MARTINE.

J'ay, Madame, à vous dire
Que je ne connois point ces Gens-là.

PHILAMINTE.

Quel martire!

BELISE.

Ce sont les noms des mots, et l'on doit regarder
En quoy c'est qu'il les faut faire ensemble accorder.

MARTINE.

Qu'ils s'accordent entr'eux, ou se gourment, qu'importe?

PHILAMINTE.

à sa Sœur.

Eh, mon Dieu, finissez un discours de la sorte.
à son Mary.

Vous ne voulez pas, vous, me la faire sortir?

CHRISALE.

Si fait. A son caprice il me faut consentir.
Va, ne l'irrite point; retire-toy, Martine.

PHILAMINTE.

Comment? vous avez peur d'offencer la Coquine?
Vous luy parlez d'un ton tout-à-fait obligeant?

CHRISALE. *bas.*

Moy? point. Allons, sortez. Va-t-en, ma pauvre Enfant.

SCENE VII.

PHILAMINTE, CHRISALE, BELISE

CHRISALE.
VOus estes satisfaite, et la voila partie.
Mais je n'approuve point une telle sortie :
C'est une Fille propre aux choses qu'elle fait,
Et vous me la chassez pour un maigre sujet.

PHILAMINTE.
Vous voulez que toûjours je l'aye à mon service,
Pour mettre incessamment mon oreille au suplice ?
Pour rompre toute loy d'usage et de raison,
Par un barbare amas de vices d'Oraison,
De mots estropiez, cousus par intervales,
De Proverbes traisnez dans les ruisseaux des Hales ?

BELISE.
Il est vray que l'on suë à souffrir ses discours.
Elle y met Vaugelas en pieces tous les jours ;
Et les moindres defauts de ce grossier génie,
Sont ou le pléonasme ou la cacophonie.

CHRISALE.
Qu'importe qu'elle manque aux loix de Vaugelas,
Pourveu qu'à la Cuisine elle ne manque pas ?
J'aime bien mieux, pour moy, qu'en épluchant ses herbes,
Elle accommode mal les noms avec les verbes,
Et redise cent fois un bas ou méchant mot,

Que de brûler ma Viande, ou saler trop mon Pot.
Ie vis de bonne Soupe, et non de beau Langage.
Vaugelas n'apprend point à bien faire un Potage;
Et Malherbe et Balzac, si sçavans en beaux mots,
En Cuisine peut-estre auroient esté des sots.

PHILAMINTE.

Que ce discours grossier terriblement assomme!
Et quelle indignité pour ce qui s'appelle Homme,
D'estre baissé sans cesse aux soins matériels,
Au lieu de se hausser vers les spirituels!
Le Corps, cette guenille, est il d'une importance,
D'un prix à meriter seulement qu'on y pense,
Et ne devons-nous pas laisser cela bien loin?

CHRISALE.

Oûy, mon Corps est moy-mesme, et j'en veux prendre soin.
Guenille si l'on veut, ma guenille m'est chere.

BELISE.

Le Corps avec l'Esprit, fait figure, mon Frere :
Mais si vous en croyez tout le Monde sçavant,
L'Esprit doit sur le Corps prendre le pas devant;
Et nostre plus grand soin, nostre premiere instance,
Doit estre à la nourrir du suc de la Science.

CHRISALE.

Ma foy si vous songez à nourrir vostre Esprit,
C'est de viande bien creuse, à ce que chacun dit,
Et vous n'avez nul soin, nulle sollicitude,
Pour...

PHILAMINTE.

Ah *sollicitude* à mon oreille est rude,
Il put étrangement son ancienneté.

BELISE.

Il est vray que le mot est bien colet-monté.

CHRISALE.

Voulez-vous que je dise? Il faut qu'enfin j'éclate,

Que je leve le masque, et décharge ma rate.
De folles on vous traitte, et j'ay fort sur le cœur....

PHILAMINTE.

Comment donc?

CHRISALE.

C'est à vous que je parle, ma Sœur.
Le moindre solécisme en parlant vous irrite :
Mais vous en faites, vous, d'étranges en conduite.
Vos Livres éternels ne me contentent pas,
Et hors un gros Plutarque à mettre mes Rabats,
Vous devriez bruler tout ce meuble inutile,
Et laisser la Science aux Docteurs de la Ville ;
M'oster, pour faire bien, du Grenier de ceans,
Cette longue Lunette à faire peur aux Gens,
Et cent brimborions dont l'aspect importune :
Ne point aller chercher ce qu'on fait dans la Lune,
Et vous mesler un peu de ce qu'on fait chez vous,
Où nous voyons aller tout sans-dessus-dessous.
Il n'est pas bien honneste, et pour beaucoup de causes,
Qu'une Femme étudie, et sçache tant de choses.
Former aux bonnes mœurs l'esprit de ses Enfans,
Faire aller son ménage, avoir l'œil sur ses Gens,
Et régler la dépense avec œconomie,
Doit estre son étude et sa Philosophie.
Nos Peres sur ce point estoient Gens bien sensez,
Qui disoient qu'une Femme en sçait toûjours assez,
Quand la capacité de son esprit se hausse
A connoistre un Pourpoint d'avec un Haut-de-chausse.
Les leurs ne lisoient point, mais elles vivoient bien ;
Leurs ménages estoient tout leur docte entretien,
Et leurs Livres un Dé, du Fil, et des Aiguilles,
Dont elles travailloient au trousseau de leurs Filles.
Les Femmes d'apresent sont bien loin de ces mœurs,
Elles veulent écrire, et devenir Autheurs.
Nulle Science n'est pour elles trop profonde,

Et ceans beaucoup plus qu'en aucun lieu du Monde.
Les secrets les plus hauts s'y laissent concevoir,
Et l'on sçait tout chez moy, hors ce qu'il faut sçavoir,
On y sçait comme vont Lune, Etoile Polaire,
Vénus, Saturne, et Mars, dont je n'ay point affaire;
Et dans ce vain sçavoir, qu'on va chercher si loin,
On ne sçait comme va mon Pot dont j'ai besoin.
Mes gens à la Science aspirent pour vous plaire,
Et tous ne font rien moins que ce qu'ils ont à faire;
Raisonner est l'employ de toute ma Maison,
Et le raisonnement en bannit la Raison;
L'un me brule mon Rost en lisant quelque Histoire,
L'autre resve à des Vers quand je demande à boire;
Enfin je voy par eux vostre exemple suivy,
Et j'ay des Serviteurs, et ne suis point servy.
Une pauvre Servante au moins m'estoit restée,
Qui de ce mauvais air n'estoit point infectée,
Et voila qu'on la chasse avec un grand fracas,
A cause qu'elle manque à parler Vaugelas.
Je vous le dis, ma Sœur, tout ce train-là me blesse,
Car c'est, comme j'ay dit, à vous que je m'adresse,
Je n'aime point ceans tous vos Gens à Latin,
Et principalement ce Monsieur Trissotin.
C'est luy qui dans des Vers vous a timpanisées,
Tous les propos qu'il tient sont des bille-vesées,
On cherche ce qu'il dit après qu'il a parlé,
Et je luy croy, pour moy, le timbre un peu feslé.

PHILAMINTE.

Quelle bassesse, ô Ciel, et d'ame, et de langage!

BELISE.

Est-il de petits Corps un plus lourd assemblage!
Un Esprit composé d'atomes plus Bourgeois!
Et de ce mesme sang se peut-il que je sois!
Je me veux mal-de-mort d'estre de vostre race,
Et de confusion j'abandonne la place.

SCENE VIII.

PHILAMINTE, CHRISALE.

PHILAMINTE.
AVez-vous à lâcher encore quelque trait?
CHRISALE.
Moy? non. Ne parlons plus de querelle, c'est fait;
Discourons d'autre affaire. A vostre Fille aisnée
On voit quelque dégoust pour les nœuds d'Hymenée;
C'est une Philosophe enfin, je n'en dy rien,
Elle est bien gouvernée, et vous faites fort bien.
Mais de toute autre humeur se trouve sa cadette,
Et je croy qu'il est bon de pourvoir Henriette,
De choisir un Mary...
PHILAMINTE.
       C'est à quoy j'ay songé,
Et je veux vous ouvrir l'intention que j'ay.
Ce Monsieur Trissotin dont on nous fait un crime,
Et qui n'a pas l'honneur d'estre dans vostre estime,
Est celuy que je prens pour l'Epous qu'il luy faut,
Et je sçay mieux que vous juger de ce qu'il vaut;
La contestation est icy superfluë,
Et de tout point chez moy l'affaire est resoluë.
Au moins ne dites mot du choix de cet Epous,
Je veux à vostre Fille en parler avant vous.
J'ay des raisons à faire approuver ma conduite,
Et je connoistray bien si vous l'aurez instruite.

SCENE IX.

ARISTE, CHRISALE.

ARISTE.

HE' bien ? la Femme sort, mon Frere, et je voy bien
Que vous venez d'avoir ensemble un entretien.

CHRISALE.

Oüy.

ARISTE.

Quel en est le succés ? Aurons-nous Henriette ?
A-t-elle consenty ? l'affaire est-elle faite ?

CHRISALE.

Pas tout-à-fait encor.

ARISTE.

Refuse-t-elle ?

CHRISALE.

Non.

ARISTE.

Est-ce qu'elle balance ?

CHRISALE.

En aucune façon.

ARISTE.

Quoy donc ?

CHRISALE.

C'est que pour Gendre elle m'offre un autre Homme.

ARISTE.
Un autre Homme pour Gendre!

CHRISALE.
Un autre.

ARISTE.
Qui se nomme :

CHRISALE.
Monsieur Trissotin.

ARISTE.
Quoy, ce Monsieur Trissotin...

CHRISALE.
Oüy, qui parle toûjours de Vers et de Latin.

ARISTE.
Vous l'avez accepté?

CHRISALE.
Moy, point, à Dieu ne plaise.

ARISTE.
Qu'avez-vous répondu?

CHRISALE.
Rien ; et je suis bien aise
De n'avoir point parlé, pour ne m'engager pas!

ARISTE.
La raison est fort belle, et c'est faire un grand pas.
Avez-vous sçeu du moins luy proposer Clitandre?

CHRISALE.
Non : car comme j'ay veu qu'on parloit d'autre Gendre,
J'ay crû qu'il estoit mieux de ne m'avancer point.

ARISTE.
Certes, vostre prudence est rare au dernier point!
N'avez-vous point de honte avec vostre molesse?
Et se peut-il qu'un Homme ait assez de foiblesse

Pour laisser à sa Femme un pouvoir absolu,
Et n'oser attaquer ce qu'elle a résolu?

CHRISALE.

Mon Dieu, vous en parlez, mon Frere, bien à l'aise,
Et vous ne sçavez pas comme le bruit me pese.
J'aime fort le repos, la paix, et la douceur,
Et ma femme est terrible avecque son humeur.
Du nom de Philosophe elle fait grand mistere,
Mais elle n'en est pas pour cela moins colere;
Et sa Morale, faite à mépriser le bien,
Sur l'aigreur de sa bile opere comme rien.
Pour peu que l'on s'oppose à ce que veut sa teste,
On en a pour huit jours d'effroyable tempeste.
Elle me fait trembler dés qu'elle prend son ton.
Je ne sçais où me mettre, et c'est un vray Dragon;
Et cependant avec toute sa diablerie,
Il faut que je l'appelle, et mon cœur, et ma mie.

ARISTE.

Allez, c'est se moquer. Vostre Femme, entre nous,
Est par vos lâchetez souveraine sur vous.
Son pouvoir n'est fondé que sur vostre foiblesse.
C'est de vous qu'elle prend le titre de Maistresse.
Vous-mesme à ses hauteurs vous vous abandonnez,
Et vous faites mener en Beste par le nez.
Quoy, vous ne pouvez pas, voyant comme on vous nomme,
Vous résoudre une fois à vouloir estre un Homme?
A faire condescendre une Femme à vos vœux,
Et prendre assez de cœur pour dire un je le veux?
Vous laisserez sans honte immoler vostre Fille
Aux foles visions qui tiennent la Famille,
Et de tout vostre bien revestir un Nigaut,
Pour six mots de Latin qu'il leur fait sonner haut?
Un Pédant qu'à tous coups vostre femme apostrophe
Du nom de bel Esprit, et de grand Philosophe,
D'Homme qu'en Vers galans jamais on n'égala,

Et qui n'est, comme on sçait, rien moins que tout cela?
Allez encor un coup, c'est une moquerie,
Et vostre lâcheté merite qu'on en rie.

CHRISALE.

Oüy, vous avez raison, et je voy que j'ay tort.
Allons, il faut enfin montrer un cœur plus fort,
Mon Frere.

ARISTE.

C'est bien dit.

CHRISALE.

C'est une chose infame,
Que d'estre si soûmis au pouvoir d'une Femme.

ARISTE.

Fort bien.

CHRISALE.

De ma douceur elle a trop profité.

ARISTE.

Il est vray.

CHRISALE.

Trop joüy de ma facilité.

ARISTE.

Sans doute.

CHRISALE.

Et je luy veux faire aujourd'huy connoistre
Que ma Fille est ma Fille, et que j'en suis le Maistre,
Pour luy prendre un Mary qui soit selon mes vœux.

ARISTE.

Vous voilà raisonnable, et comme je vous veux.

CHRISALE.

Vous estes pour Clitandre, et sçavez sa demeure,
Faites-le moy venir, mon Frere, tout-à-l'heure,

ARISTE.

J'y cours tout de ce pas.

CHRISALE.

C'est souffrir trop long-temps,
Et je m'en vais estre Homme à la barbe des Gens.

Fin du Second Acte.

ACTE III.

SCENE PREMIERE.

PHILAMINTE, ARMANDE, BELISE,
TRISSOTIN, L'EPINE.

PHILAMINTE.

AH mettons-nous icy pour écouter à l'aise
Ces Vers que mot à mot il est besoin
qu'on pese.
ARMANDE.
Je brule de les voir.
BELISE.
Et l'on s'en meurt chez nous.
PHILAMINTE.
Ce sont charmes pour moy, que ce qui part de vous.
ARMANDE.
Ce m'est une douceur à nulle autre pareille.
BELISE.
Ce sont repas friands qu'on donne à mon oreille.

PHILAMINTE.
Ne faites point languir de si pressans desirs.

ARMANDE.
Dépeschez.

BELISE.
Faites tost, et hastez nos plaisirs.

PHILAMINTE.
A nostre impatience offrez vostre Epigramme.

TRISSOTIN.
Helas, c'est un Enfant tout nouveau né, Madame.
Son sort assurément a lieu de vous toucher,
Et c'est dans vostre court que j'en viens d'acoucher.

PHILAMINTE.
Pour me le rendre cher, il suffit de son Pere.

TRISSOTIN.
Vostre approbation luy peut servir de Mere.

BELISE.
Qu'il a d'esprit !

SCENE II.

HENRIETTE, PHILAMINTE, ARMANDE, BELISE, TRISSOTIN, L'EPINE.

PHILAMINTE.

Hola, pourquoy donc fuyez-vous?

HENRIETTE.

C'est de peur de troubler un entretien si doux.

PHILAMINTE.

Approchez, et venez de toutes vos oreilles
Prendre part au plaisir d'entendre des merveilles.

HENRIETTE.

Je sçay peu les beautez de tout ce qu'on écrit,
Et ce n'est pas mon fait que les choses d'esprit.

PHILAMINTE.

Il n'importe ; aussi-bien ay-je à vous dire en suite
Un secret dont il faut que vous soyez instruite.

TRISSOTIN.

Les Sciences n'ont rien qui vous puisse enflâmer,
Et vous ne vous piquez que de sçavoir charmer.

HENRIETTE.

Aussi peu l'un que l'autre, et je n'ay nulle envie....

BELISE.

Ah songeons à l'Enfant nouveau né, je vous prie.

PHILAMINTE.

Allons, petit Garçon, viste, dequoy s'asseoir.

Le Laquais tombe avec la Chaise.

Voyez l'Impertinent! Est-ce que l'on doit choir,
Aprés avoir appris l'équilibre des choses?

BELISE.

De ta chute, Ignorant, ne vois-tu pas les causes,
Et qu'elle vient d'avoir du point fixe écarté,
Ce que nous appellons centre de gravité.

L'EPINE.

Je m'en suis apperceu, Madame, estant par terre.

PHILAMINTE.

Le Lourdaut!

TRISSOTIN.

Bien luy prend de n'estre pas de verre.

ARMANDE.

Ah de l'esprit par tout!

BELISE.

Cela ne tarit pas.

PHILAMINTE.

Servez-nous promptement vostre aimable Repas.

TRISSOTIN.

Pour cette grande faim qu'à mes yeux on expose,
Un Plat seul de huit Vers me semble peu de chose,
Et je pense qu'icy je ne feray pas mal
De joindre à l'Epigramme, ou bien au Madrigal,
Le ragoust d'un Sonnet, qui chez une Princesse
A passé pour avoir quelque délicatesse.
Il est de sel attique assaisonné par tout,
Et vous le trouverez, je croy, d'assez bon goust.

ARMANDE.

Ah je n'en doute point.

PHILAMINTE.

Donnons viste audiance.

BELISE.
à chaque fois qu'il veut lire elle l'interrompt.
Je sens d'aise mon cœur tressaillir par avance.
J'aime la Poësie avec entestement.
Et sur tout quand les Vers sont tournez galamment.

PHILAMINTE.
Si nous parlons toûjours, il ne pourra rien dire.

TRISSOTIN.
SO...

BELISE.
Silence, ma Niéce.

TRISSOTIN.

SONNET,

A LA PRINCESSE URANIE,

Sur sa Fievre.

Vostre prudence est endormie,
De traitter magnifiquement,
Et de loger superbement
Vostre plus cruelle Ennemie.

BELISE.
Ah le joly début!
ARMANDE.
Qu'il a le tour galant
PHILAMINTE.
Luy seul des Vers aisez possede le talent!
ARMANDE.
A *prudence endormie* il faut rendre les armes.

BELISE.

Loger son Ennemie est pour moy plein de charmes.

PHILAMINTE.

J'aime *superbement* et *magnifiquement;*
Ces deux adverbes joints font admirablement.

BELISE.

Prestons l'oreille au reste.

TRISSOTIN.

Vostre prudence est endormie,
De traiter magnifiquement,
Et de loger superbement
Vostre plus cruelle Ennemie.

ARMANDE.

Prudence endormie!

BELISE.

Loger son Ennemie!

PHILAMINTE.

Superbement, et magnifiquement!

TRISSOTIN.

Faites-la sortir, quoy qu'on die,
De vostre riche Apartement,
Où cette Ingrate insolemment
Attaque vostre belle vie.

BELISE.

Ah tout-doux, laissez-moy, de grace, respirer.

ARMANDE.

Donnez-nous, s'il vous plaist, le loisir d'admirer.

PHILAMINTE.

On se sent à ces Vers, jusques au fond de l'ame,
Couler je-ne-sçay-quoy qui fait que l'on se pâme.

ARMANDE.

Faites-la sortir, quoy qu'on die,
De vostre riche Apartement.

Que *riche Apartement* est là joliment dit !
Et que la métaphore est mise avec esprit !

PHILAMINTE.

Faites-la sortir, quoy qu'on die.

Ah que ce *quoy qu'on die* est d'un goust admirable !
C'est, à mon sentiment, un endroit impayable.

ARMANDE.

De *quoy qu'on die* aussi mon cœur est amoureux.

BELISE.

Je suis de vostre avis, *quoy qu'on die* est heureux.

ARMANDE.

Je voudrois l'avoir fait.

BELISE.

Il vaut toute une Piece.

PHILAMINTE.

Mais en comprend-on bien comme moy la finesse ?

ARMANDE et BELISE.

Oh, oh.

PHILAMINTE.

Faites-la sortir, quoy qu'on die.

Que de la Fievre on prenne icy les intérests
N'ayez aucun égard, moquez-vous des caquets.

Faites-la sortir, quoy qu'on die. Quoy qu'on die ;
quoy qu'on die.

Ce *quoy qu'on die* en dit beaucoup plus qu'il ne semble.
Je ne sçay pas, pour moy, si chacun me ressemble ;
Mais j'entens là-dessous un million de mots.

BELISE.

Il est vray qu'il dit plus de choses qu'il n'est gros.

5

PHILAMINTE.

Mais quand vous avez fait ce charmant *quoy qu'on die*,
Avez-vous compris, vous, toute son énergie?
Songiez-vous bien vous-mesme à tout ce qu'il nous dit,
Et pensiez-vous alors y mettre tant d'esprit?

TRISSOTIN.

Hay, hay.

ARMANDE.

J'ay fort aussi l'*Ingrate* dans la teste,
Cette ingrate de Fievre, injuste, mal-honneste,
Qui traitte mal les Gens, qui la logent chez eux.

PHILAMINTE.

Enfin les Quatrains sont admirables tous deux.
Venons-en promptement aux Tiercets, je vous prie.

ARMANDE.

Ah, s'il vous plaist, encore une fois *quoy qu'on die.*

TRISSOTIN.

Faites-la sortir, quoy qu'on die,

PHILAMINTE, ARMANDE, & BELISE.

Quoy qu'on die!

TRISSOTIN.

De vostre riche Apartement,

PHILAMINTE, ARMANDE, & BELISE.

Riche Apartement!

TRISSOTIN.

Où cette ingrate Insolemment

PHILAMINTE, ARMANDE, & BELISE.

Cette ingrate de Fievre?

TRISSOTIN.

Attaque vostre belle vie.

PHILAMINTE.

Vostre belle vie.

ARMANDE & BELISE.

Ah!

TRISSOTIN.

Quoy, sans respecter vostre rang,
Elle se prend à vostre sang,

PHILAMINTE, ARMANDE, & BELISE.
Ah!

TRISSOTIN.

Et nuit et jour vous fait outrage?

Si vous la conduisez aux Bains,
Sans la marchander davantage,
Noyez-la de vos propres mains.

PHILAMINTE.

On n'en peut plus ?

BELISE.

On pâme.

ARMANDE.

On se meurt de plaisir.

PHILAMINTE.

De mille doux frissons vous vous sentez saisir.

ARMANDE.

Si vous la conduisez aux Bains,

BELISE.

Sans la marchander davantage,

PHILAMINTE.

Noyez-la de vos propres mains.
De vos propres mains, là, noyez-la dans les Bains.

ARMANDE.

Chaque pas dans vos Vers rencontre un trait charmant.

BELISE.

Partout on s'y promene avec ravissement.

PHILAMINTE.

On n'y sçauroit marcher que sur de belles choses.

ARMANDE.

Ce sont petits chemins tout parsemez de rose.

TRISSOTIN.

Le Sonnet donc vous semble...

PHILAMINTE.

Admirable, nouveau,
Et personne jamais n'a rien fait de si beau.

BELISE.

Quoy, sans émotion pendant cette lecture ?
Vous faites-là, ma Niéce, une étrange Figure !

HENRIETTE.

Chacun fait icy-bas la Figure qu'il peut,
Ma Tante ; et Bel-Esprit, il ne l'est pas qui veut.

TRISSOTIN.

Peut-estre que mes Vers importunent Madame.

HENRIETTE.

Point, je n'écoute pas.

PHILAMINTE.

Ah ? voyons l'Epigramme.

TRISSOTIN.

SUR UN CAROSSE,

de couleur Amarante, donné
à une Dame de ses Amies.

PHILAMINTE.

Ces Titres ont toûjours quelque chose de rare.

ARMANDE.

A cent beaux traits d'Esprit leur nouveauté prépare.

TRISSOTIN.

L'Amour si cherement m'a vendu son lien.

BELISE, ARMANDE et PHILAMINTE.

Ah !

TRISSOTIN.

Qu'il m'en couste déja la moitié de mon bien.
Et quand tu vois ce beau Carosse
Où tant d'or se releve en bosse,
Qu'il étonne tout le Païs,
Et fait pompeusement triompher ma Lays.

PHILAMINTE.

Ah *ma Lays!* Voila de l'érudition.

BELISE.

L'enveloppe est jolie, et vaut un milion.

TRISSOTIN.

Et quand tu vois ce beau Carosse,
Où tant d'or se releve en bosse,
Qu'il étonne tout le Païs,
Et fait pompeusement triompher ma Lays,
Ne dy plus qu'il est Amarente,
Dy plutost qu'il est de ma Rente.

ARMANDE.

Oh, oh, oh! Celuy-là ne s'attend point du tout.

PHILAMINTE.

On n'a que luy qui puisse écrire de ce goust.

BELISE.

Ne dy plus qu'il est Amarante,
Dy plutost, qu'il est de ma Rente.
Voila qui se décline, *ma Rente, de ma Rente, à ma Rente.*

PHILAMINTE.

Je ne sçay du moment que je vous ay connu,
Si sur vostre sujet j'ay l'esprit prévenu,
Mais j'admire par tout vos Vers et vostre Prose.

TRISSOTIN.

Si vous vouliez de vous nous montrer quelque chose,
A nostre tour aussi nous pourrions admirer.

PHILAMINTE.

Je n'ay rien fait en Vers, mais j'ay lieu d'esperer

Que je pourray bientost vous montrer en Amie,
Huit Chapitres du Plan de nostre Académie.
Platon s'est au projet simplement arresté,
Quand de sa Republique il a fait le Traitté;
Mais à l'effet entier je veux pousser l'idée
Que j'ay sur le papier en Prose accommodée,
Car enfin je me sens un étrange dépit
Du tort que l'on nous fait du costé de l'Esprit,
Et je veux nous vanger toutes tant que nous sommes
De cette indigne Classe où nous rangent les Hommes;
De borner nos talens à des futilitez,
Et nous fermer la porte aux sublimes clartez.

ARMANDE.

C'est faire à nostre Sexe une trop grande offence,
De n'étendre l'effort de nostre intelligence,
Qu'à juger d'une Jupe, et de l'air d'un Manteau,
Ou des beautez d'un Point, ou d'un Brocard nouveau.

BELISE.

Il faut se relever de ce honteux partage,
Et mettre hautement nostre Esprit hors de Page.

TRISSOTIN.

Pour les Dames on sçait mon respect en tous lieux;
Et si je rens hommage aux brillans de leurs yeux,
De leur esprit aussi j'honore les lumieres.

PHILAMINTE.

Le Sexe aussi vous rend justice en ces matieres;
Mais nous voulons montrer à de certains Esprits,
Dont l'orgueilleux sçavoir nous traitte avec mépris,
Que de Science aussi les Femmes sont meublées,
Qu'on peut faire comme eux de doctes Assemblées,
Conduites en cela par des ordres meilleurs,
Qu'on y veut reünir ce qu'on sépare ailleurs;
Mesler le beau Langage, et les hautes Sciences;
Découvrir la Nature en mille expériences;

Et sur les Questions qu'on pourra proposer,
Faire entrer chaque Secte, et n'en point épouser.

TRISSOTIN.

Je m'attache pour l'ordre au Péripatetisme.

PHILAMINTE.

Pour les abstractions j'aime le Platonisme.

ARMANDE.

Epicure me plaist, et ses Dogmes sont forts.

BELISE.

Je m'accommode assez pour moy des petits Corps ;
Mais le Vuide à souffrir me semble difficile,
Et je gouste bien mieux la matiere subtile.

TRISSOTIN.

Descartes pour l'Ayman donne fort dans mon sens.

ARMANDE.

J'aime ses tourbillons,

PHILAMINTE.

        Moy ses Mondes tombans.

ARMANDE.

Il me tarde de voir nostre Assemblée ouverte,
Et de nous signaler par quelque découverte.

TRISSOTIN.

On en attend beaucoup de vos vives clartez,
Et pour vous la Nature a peu d'obscuritez.

PHILAMINTE.

Pour moy, sans me flatter, j'en ay déja fait une,
Et j'ay veu clairement des Hommes dans la Lune.

BELISE.

Je n'ay point encor veu d'Hommes comme je croy,
Mais j'ay veu des Clochers tout comme je vous voy.

ARMANDE.

Nous approfondirons ainsi que la Physique,
Grammaire, Histoire, Vers, Morale, et Politique.

PHILAMINTE.

La Morale a des traits dont mon cœur est épris,
Et c'estoit autrefois l'amour des grands Esprits;
Mais aux Stoïciens je donne l'avantage,
Et je ne trouve rien de si beau que leur Sage.

ARMANDE.

Pour la Langue, on verra dans peu nos Reglemens,
Et nous y prétendons faire des remuëmens.
Par une antipathie ou juste, ou naturelle,
Nous avons pris chacune une haine mortelle
Pour un nombre de mots, soit ou verbes, ou noms,
Que mutuellement nous nous abandonnons;
Contr'eux nous préparons de mortelles Sentences,
Et nous devons ouvrir nos doctes Conférences
Par les proscriptions de tous ces mots divers,
Dont nous voulons purger et la Prose et les Vers.

PHILAMINTE.

Mais le plus beau projet de nostre Académie,
Une entreprise noble, et dont je suis ravie;
Un dessein plein de gloire, et qui sera vanté
Chez tous les beaux Esprits de la Posterité,
C'est le retranchement de ces sillabes sales,
Qui dans les plus beaux mots produisent des scandales;
Ces joüets éternels des Sots de tous les temps;
Ces fades lieux-communs de nos méchans Plaisans;
Ces sources d'un amas d'équivoques infames,
Dont on vient faire insulte à la pudeur des Femmes.

TRISSOTIN.

Voilà certainement d'admirables projets!

BELISE.

Vous verrez nos Statuts, quand ils seront tous faits.

TRISSOTIN.

Ils ne sçauroient manquer d'estre tous beaux et sages.

ARMANDE.

Nous serons par nos Loix les Juges des Ouvrages.

Par nos Loix, Prose et Vers, tout nous sera soûmis.
Nul n'aura de l'esprit, hors nous et nos Amis.
Nous chercherons par tout à trouver à redire,
Et ne verrons que nous qui sçache bien écrire.

SCENE III.

L'EPINE, TRISSOTIN, PHILAMINTE,
BELISE, ARMANDE, HENRIETTE,
VADIUS.

L'EPINE.
MOnsieur, un Homme est là qui veut parler à vous.
Il est vestu de noir, et parle d'un ton doux.
TRISSOTIN.
C'est cet Amy sçavant qui m'a fait tant d'instance
De luy donner l'honneur de vostre connoissance.
PHILAMINTE.
Pour le faire venir, vous avez tout crédit.
Faisons bien les honneurs au moins de nostre Esprit.
Hola. Je vous ay dit en paroles bien claires,
Que j'ay besoin de vous.
HENRIETTE.
       Mais pour quelles affaires?
PHILAMINTE.
Venez, on va dans peu vous les faire sçavoir.

TRISSOTIN.

Voicy l'Homme qui meurt du desir de vous voir.
En vous le produisant, je ne crains point le blâme
D'avoir admis chez vous un Profane, Madame,
Il peut tenir son coin parmy de beaux Esprits.

PHILAMINTE.

La main qui le presente, en dit assez le prix.

TRISSOTIN.

Il a des vieux Autheurs la pleine intelligence,
Et sçait du Grec, Madame, autant qu'Homme de France.

PHILAMINTE.

Du Grec, ô Ciel ! du Grec ! Il sçait du Grec, ma Sœur !

BELISE.

Ah, ma Niéce, du Grec !

ARMANDE.

Du Grec ! Quelle douceur !

PHILAMINTE.

Quoy, Monsieur sçait du Grec ? Ah permettez, de grace,
Que pour l'amour du Grec, Monsieur, on vous embrasse.
Il les baise toutes, jusques à Henriette qui le refuse.

HENRIETTE.

Excusez-moy, Monsieur, je n'entens pas le Grec.

PHILAMINTE.

J'ay pour les Livres Grecs un merveilleux respect.

VADIUS.

Je crains d'estre fâcheux, par l'ardeur qui m'engage
A vous rendre aujourd'huy, Madame, mon hommage,
Et j'auray pû troubler quelque docte entretien.

PHILAMINTE.

Monsieur, avec du Grec on ne peut gaster rien.

TRISSOTIN.

Au reste il fait merveille en Vers ainsi qu'en Prose,
Et pourroit, s'il vouloit, vous montrer quelque chose.

VADIUS.

Le defaut des Autheurs dans leurs productions,
C'est d'en tyranniser les Conversations ;
D'estre au Palais, au Cours, aux Ruelles, aux Tables,
De leurs Vers fatigans Lecteurs infatigables.
Pour moy je ne voy rien de plus sot à mon sens,
Qu'un Autheur qui par tout va gueuser des encens ;
Qui des premiers-venus saisissant les oreilles,
En fait le plus souvent les martirs de ses veilles.
On ne m'a jamais veu ce fol entestement,
Et d'un Grec là-dessus je suy le sentiment,
Qui par un dogme exprés défend à tous ses Sages
L'indigne empressement de lire leurs Ouvrages.
Voicy de petits Vers pour de jeunes Amans,
Surquoy je voudrois bien avoir vos sentimens.

TRISSOTIN.

Vos Vers ont des beautez que n'ont point tous les autres.

VADIUS.

Les Graces et Vénus regnent dans tous les vostres.

TRISSOTIN.

Vous avez le tour libre, et le beau choix des mots.

VADIUS.

On voit par tout chez vous l'*Ithos* et le *Pathos*.

TRISSOTIN.

Nous avons veu de vous des Eglogues d'un stile,
Qui passe en doux attraits Theocrite et Virgile.

VADIUS.

Vos Odes ont un air noble, galant et doux,
Qui laisse de bien loin vostre Horace aprés vous.

TRISSOTIN.

Est-il rien d'amoureux comme vos Chansonnettes ?

VADIUS.

Peut-on voir rien d'égal aux Sonnets que vous faites ?

TRISSOTIN.

Rien qui soit plus charmant que vos petits Rondeaux :

VADIUS.

Rien de si plein d'esprit que tous vos Madrigaux ?

TRISSOTIN.

Aux Balades sur tout vous estes admirable.

VADIUS.

Et dans les Bouts-rimez je vous trouve adorable.

TRISSOTIN.

Si la France pouvoit connoistre vostre prix.

VADIUS.

Si le Siecle rendoit justice aux beaux Esprits.

TRISSOTIN.

En Carosse doré vous iriez par les Ruës.

VADIUS.

On verroit le Public vous dresser des Statuës.
Hom. C'est une Balade, et je veux que tout net
Vous m'en...

TRISSOTIN.

Avez-vous veu certain petit Sonnet
Sur la Fievre qui tient la Princesse Uranie ?

VADIUS.

Oüy, hier il me fut leû dans une Compagnie.

TRISSOTIN.

Vous en sçavez l'Autheur ?

VADIUS.

Non ; mais je sçay fort bien,
Qu'à ne le point flatter, son Sonnet ne vaut rien.

TRISSOTIN.

Beaucoup de Gens pourtant le trouvent admirable.

VADIUS.

Cela n'empesche pas qu'il ne soit misérable ;
Et si vous l'avez-veû, vous serez de mon goust.

TRISSOTIN.

Je sçay que là-dessus je n'en suis point du tout,
Et que d'un tel Sonnet peu de Gens sont capables.

VADIUS.

Me préserve le Ciel d'en faire de semblables !

TRISSOTIN.

Je soûtiens qu'on ne peut en faire de meilleur ;
Et ma grande raison, c'est que j'en suis l'Autheur.

VADIUS.

Vous ?

TRISSOTIN.

Moy.

VADIUS.

Je ne sçay donc comment se fit l'affaire.

TRISSOTIN.

C'est qu'on fut malheureux, de ne pouvoir vous plaire.

VADIUS.

Il faut qu'en écoutant j'aye eû l'esprit distrait,
Ou bien que le Lecteur m'ait gasté le Sonnet.
Mais laissons ce discours, et voyons ma Balade.

TRISSOTIN.

La Balade, à mon goust est une chose fade.
Ce n'en est plus la mode ; Elle sent son vieux temps.

VADIUS.

La Balade pourtant charme beaucoup de Gens.

TRISSOTIN.

Cela n'empesche pas qu'elle ne me déplaise.

VADIUS.

Elle n'en reste pas pour cela plus mauvaise.

TRISSOTIN.

Elle a pour les Pédans de merveilleux appas.

VADIUS.

Cependant nous voyons qu'elle ne vous plaist pas.

TRISSOTIN.

Vous donnez sottement vos qualitez aux autres.

VADIUS.

Fort impertinemment vous me jettez les vostres.

TRISSOTIN.

Allez, petit Grimaut, Barbouilleur de Papier.

VADIUS.

Allez, Rimeur de Bale, opprobre du Mestier.

TRISSOTIN.

Allez, Fripier d'Ecrits, impudent Plagiaire.

VADIUS.

Allez, Cuistre...

PHILAMINTE.

Eh, Messieurs, que prétendez-vous faire?

TRISSOTIN.

Va, va restituer tous les honteux larcins
Que reclament sur toy les Grecs et les Latins.

VADIUS.

Va, va-t-en faire amende honorable au Parnasse,
D'avoir fait à tes Vers estropier Horace.

TRISSOTIN.

Souviens-toy de ton Livre, et de son peu de bruit.

VADIUS.

Et toy, de ton Libraire à l'Hospital réduit.

TRISSOTIN.

Ma gloire est établie, en vain tu la déchires.

VADIUS.

Oüy, oüy, je te renvoye à l'Autheur des Satires.

TRISSOTIN.

Je t'y renvoye aussy.

VADIUS.

J'ay le contentement,
Qu'on voit qu'il m'a traitté plus honorablement.
Il me donne en passant une atteinte légere
Parmy plusieurs Autheurs qu'au Palais on révere ;
Mais jamais dans ses Vers il ne te laisse en paix,
Et l'on t'y voit par tout estre en butte à ses traits.

TRISSOTIN.

C'est par là que j'y tiens un rang plus honorable.
Il te met dans la foule ainsi qu'un Misérable,
Il croit que c'est assez d'un coup pour t'accabler,
Et ne t'a jamais fait l'honneur de redoubler :
Mais il m'attaque à part comme un noble Aversaire
Sur qui tout son effort luy semble nécessaire ;
Et ses coups contre moy redoublez en tous lieux,
Montrent qu'il ne se croit jamais victorieux.

VADIUS.

Ma plume t'apprendra quel Homme je puis estre.

TRISSOTIN.

Et la mienne sçaura te faire voir ton Maistre.

VADIUS.

Je te défie en Vers, Prose, Grec, et Latin.

TRISSOTIN.

Hé bien, nous nous verrons seul-à-seul chez Barbin.

SCENE IV.

TRISSOTIN, PHILAMINTE, ARMANDE, BELISE. HENRIETTE.

TRISSOTIN.

A Mon emportement ne donnez aucun blâme ;
C'est vostre jugement que je défens, Madame,
Dans le Sonnet qu'il a l'audace d'attaquer.

PHILAMINTE.

A vous remettre bien, je me veux appliquer.
Mais parlons d'autre affaire. Approchez, Henriette.
Depuis assez longtemps mon ame s'inquiete,
De ce qu'aucun esprit en vous ne se fait voir,
Mais je trouve un moyen de vous en faire avoir.

HENRIETTE.

C'est prendre un soin pour moy qui n'est pas nécessaire.
Les doctes entretiens ne sont point mon affaire.
J'aime à vivre aisément, et dans tout ce qu'on dit
Il faut se trop peiner, pour avoir de l'esprit.
C'est une ambition que je n'ay point en teste.
Je me trouve fort bien, ma Mere, d'estre Beste,
Et j'aime mieux n'avoir que de communs propos,
Que de me tourmenter pour dire de beaux mots.

PHILAMINTE.

Oüy, mais j'y suis blessée, et ce n'est pas mon conte
De souffrir dans mon sang une pareille honte.

La beauté du Visage est un fresle ornement,
Une fleur passagere, un éclat d'un moment,
Et qui n'est attaché qu'à la simple épiderme ;
Mais celle de l'Esprit est inhérente et ferme.
J'ay donc cherché long-temps un biais de vous donner
La beauté que les ans ne peuvent moissonner,
De faire entrer chez vous le desir des Sciences,
De vous insinüer les belles connoissances ;
Et la pensée enfin où mes vœux ont souscrit,
C'est d'attacher à vous un Homme plein d'esprit,
Et cet Homme est Monsieur que je vous détermine
A voir comme l'Epous que mon choix vous destine.

HENRIETTE.

Moy, ma Mere ?

PHILAMINTE.

Oüy, vous. Faites la Sotte un peu.

BELISE.

Je vous entens. Vos yeux demandent mon aveu,
Pour engager ailleurs un cœur que je possede.
Allez, je le veux bien. A ce nœu je vous cede,
C'est un Hymen qui fait vostre établissement.

TRISSOTIN.

Je ne sçay que vous dire, en mon ravissement,
Madame, et cet Hymen dont je voy qu'on m'honnore
Me met...

HENRIETTE.

Tout-beau, Monsieur, il n'est pas fait encore,
Ne vous pressez pas tant.

PHILAMINTE.

Comme vous répondez !
Sçavez-vous bien que si... Suffit, vous m'entendez.
Elle se rendra sage ; allons, laissons-la faire.

SCENE V.

HENRIETTE, ARMANDE.

ARMANDE.

ON voit briller pour vous les soins de nostre Mere ;
Et son choix ne pouvoit d'un plus illustre Epous...

HENRIETTE.

Si le chois est si beau, que ne le prenez-vous?

ARMANDE.

C'est à vous, non à moy, que sa main est donnée.

HENRIETTE.

Je vous le cede tout, comme à ma Sœur aisnée.

ARMANDE.

Si l'Hymen comme à vous me paroissoit charmant,
J'accepterois vostre offre avec ravissement.

HENRIETTE.

Si j'avois comme vous les Pédans dans la teste,
Je pourrois le trouver un Party fort honneste.

ARMANDE.

Cependant bien qu'icy nos gousts soient différens,
Nous devons obeïr, ma Sœur, à nos Parens ;
Une Mere a sur nous une entiere puissance,
Et vous croyez en vain par vostre resistance...

SCENE VI.

CHRISALE, ARISTE, CLITANDRE, HENRIETTE, ARMANDE.

CHRISALE.
ALlons, ma Fille, il faut approuver mon dessein,
Ostez ce Gand. Touchez à Monsieur dans la main,
Et le considérez desormais dans vostre ame
En Homme dont je veux que vous soyez la Femme.

ARMANDE.
De ce costé, ma Sœur, vos penchans sont fort grands.

HENRIETTE.
Il nous faut obeïr, ma Sœur, à nos Parens ;
Un Pere a sur nos vœux une entiere puissance.

ARMANDE.
Une Mere a sa part à nostre obeïssance.

CHRISALE.
Qu'est-ce à dire ?

ARMANDE.
Je dis que j'apprehende fort
Qu'icy ma Mere et vous ne soyez pas d'accord,
Et c'est un autre Epous...

CHRISALE.
Taisez-vous, Peronelle ?
Allez philosopher tout le saoul avec elle,
Et de mes actions ne vous meslez en rien.

Dites luy ma pensée, et l'avertissez bien
Qu'elle ne vienne pas m'échauffer les oreilles;
Allons viste.

ARISTE.

Fort bien; Vous faites des merveilles.

CLITANDRE.

Quel transport! quelle joye! ha que mon sort est dous!

CHRISALE.

Allons, prenez sa main, et passez devant nous,
Menez-la dans sa Chambre. Ah les douces caresses!
Tenez, mon cœur s'émeut à toutes ces tendresses,
Cela ragaillardit tout-à-fait mes vieux jours,
Et je me ressouviens de mes jeunes amours.

Fin du Troisiéme Acte.

ACTE IV.

SCENE PREMIERE.

ARMANDE, PHILAMINTE.

ARMANDE.
Ouy, rien n'a retenu son esprit en balance.
Elle a fait vanité de son obeïssance.
Son cœur, pour se livrer, à peine devant
    moy
S'est-il donné le temps d'en recevoir la loy,
Et sembloit suivre moins les volontez d'un Pere,
Qu'affecter de braver les ordres d'une Mere.

PHILAMINTE.
Je luy montreray bien aux loix de qui des deux
Les droits de la Raison soûmettent tous ses vœux ;
Et qui doit gouverner ou sa Mere, ou son Pere,
Ou l'esprit, ou le corps ; la forme, ou la matiere.

ARMANDE.
On vous en devoit bien au moins un compliment,
Et ce petit Monsieur en use étrangement,
De vouloir malgré vous devenir vostre Gendre.

PHILAMINTE.

Il n'en est pas encor où son cœur peut prétendre.
Je le trouvois bien fait, et j'aimois vos amours;
Mais dans ses procedez il m'a déplû toûjours.
Il sçait que Dieu mercy je me mesle d'écrire,
Et jamais il ne m'a prié de luy rien lire.

SCENE II.

CLITANDRE, ARMANDE, PHILAMINTE.

ARMANDE.

JE ne souffrirois point, si j'estois que de vous,
Que jamais d'Henriette il pût estre l'Epous.
On me feroit grand tort d'avoir quelque pensée,
Que là-dessus je parle en Fille interessée,
Et que le lâche tour que l'on voit qu'il me fait,
Jette au fond de mon cœur quelque dépit secret.
Contre de pareils coups, l'ame se fortifie
Du solide secours de la Philosophie,
Et par elle on se peut mettre au dessus de tout :
Mais vous traitter ainsi, c'est vous pousser à bout.
Il est de vostre honneur d'estre à ses vœux contraire.
Et c'est un Homme enfin qui ne doit point vous plaire.
Jamais je n'ay connu, discourant entre nous,
Qu'il eust au fond du cœur de l'estime pour vous.

PHILAMINTE.

Petit Sot !

ARMANDE.
Quelque bruit que vostre gloire fasse
Toûjours à vous loüer il a paru de glace
PHILAMINTE.
Le Brutal!
ARMANDE.
Et vingt fois, comme Ouvrages nouveaux,
J'ay leû des Vers de vous qu'il n'a point trouvé beaux.
PHILAMINTE.
L'Impertinent!
ARMANDE.
Souvent nous en estions aux prises;
Et vous ne croiriez point de combien de sottises...
CLITANDRE.
Eh doucement de grace. Un peu de charité,
Madame, ou tout au moins un peu d'honnesteté.
Quel mal vous ay-je fait? et quelle est mon offence,
Pour armer contre moy toute vostre éloquence?
Pour vouloir me détruire, et prendre tant de soin
De me rendre odieux aux Gens dont j'ay besoin?
Parlez. Dites, d'où vient ce courroux effroyable?
Je veux bien que Madame en soit Juge équitable.
ARMANDE.
Si j'avois le courroux dont on veut m'accuser,
Je trouverois assez dequoy l'authoriser;
Vous en seriez trop digne, et les premieres flames
S'établissent des droits si sacrez sur les ames,
Qu'il faut perdre fortune, et renoncer au jour,
Plutost que de bruler des feux d'un autre amour;
Au changement de vœux nulle horreur ne s'égale,
Et tout cœur infidelle est un Monstre en Morale.
CLITANDRE.
Appelez-vous, Madame, une infidelité,
Ce que m'a de vostre ame ordonné la fierté?
Je ne fais qu'obeir aux loix qu'elle m'impose;

Et si je vous offence, elle seule en est cause.
Vos charmes ont d'abord possedé tout mon cœur.
Il a brulé deux ans d'une constante ardeur;
Il n'est soins empressez, devoirs, respects, services,
Dont il ne vous ait fait d'amoureux sacrifices.
Tous mes feux, tous mes soins ne peuvent rien sur vous.
Je vous trouve contraire à mes vœux les plus doux;
Ce que vous refusez, je l'offre au choix d'une autre.
Voyez. Est-ce, Madame, ou ma faute, ou la vostre?
Mon cœur court-il au change, ou si vous l'y poussez?
Est-ce moy qui vous quitte, ou vous qui me chassez?

ARMANDE.

Appellez-vous, Monsieur, estre à vos vœux contraire,
Que de leur arracher ce qu'ils ont de vulgaire,
Et vouloir les réduire à cette pureté
Où du parfait amour consiste la beauté?
Vous ne sçauriez pour moy tenir vostre pensée
Du commerce des sens nette et débarrassée?
Et vous ne goustez point dans ses plus doux appas,
Cette union des cœurs, où les corps n'entrent pas?
Vous ne pouvez aimer que d'une amour grossiere?
Qu'avec tout l'attirail des nœuds de la matiere?
Et pour nourrir les feux que chez vous on produit,
Il faut un Mariage, et tout ce qui s'ensuit.
Ah quel étrange amour! et que les belles ames
Sont bien loin de bruler de ces terrestres flames!
Les sens n'ont point de part à toutes leurs ardeurs,
Et ce beau feu ne veut marier que les cœurs.
Comme une chose indigne, il laisse là le reste.
C'est un feu pur et net comme le feu celeste,
On ne pousse avec luy que d'honnestes soûpirs,
Et l'on ne panche point vers les sales desirs.
Rien d'impur ne se mesle au but qu'on se propose.
On aime pour aimer, et non pour autre chose.
Ce n'est qu'à l'esprit seul que vont tous les transports,
Et l'on ne s'apperçoit jamais qu'on ait un corps.

CLITANDRE.

Pour moy, par un malheur, je m'apperçois, Madame,
Que j'ay, ne vous déplaise, un corps tout comme une ame:
Je sens qu'il y tient trop, pour le laisser à part;
De ces détachemens je ne connois point l'art;
Le Ciel m'a dénié cette Philosophie,
Et mon ame. et mon corps marchent de compagnie.
Il n'est rien de plus beau, comme vous avez dit,
Que ces vœux épurez qui ne vont qu'à l'esprit,
Ces unions de cœurs, et ces tendres pensées,
Du commerce des sens si bien débarassées :
Mais ces amours pour moy sont trop subtilisez,
Je suis un peu grossier, comme vous m'accusez;
J'aime avec tout moy-mesme, et l'amour qu'on me donne,
En veut, je le confesse, à toute la personne.
Ce n'est pas là matiere à de grands chastimens ;
Et sans faire de tort à vos beaux sentimens,
Je voy que dans le Monde on suit fort ma méthode,
Et que le Mariage est assez à la mode,
Passe pour un lien assez honneste et dous,
Pour avoir desiré de me voir vostre Epous,
Sans que la liberté d'une telle pensée
Ait dû vous donner lieu d'en paroistre offencée.

ARMANDE.

Hé bien, Monsieur, hé bien, puis que sans m'écouter
Vos sentimens brutaux veulent se contenter,
Puis que pour vous reduire à des ardeurs fidelles,
Il faut des nœuds de chair, des chaînes corporelles ;
Si ma Mere le veut, je résous mon esprit
A consentir pour vous à ce dont il s'agit.

CLITANDRE.

Il n'est plus temps, Madame, une autre a pris la place ;
Et par un tel retour j'aurois mauvaise grace
De mal-traiter l'azile, et blesser les bontez,
Où je me suis sauvé de toutes vos fiertez.

CLITANDRE.
Et c'est mon sentiment, qu'en faits, comme en propos,
La Science est sujette à faire de grands Sots.

TRISSOTIN.
Le paradoxe est fort.

CLITANDRE.
       Sans estre fort habile,
La preuve m'en seroit je pense assez facile.
Si les raisons manquoient, je suis seûr qu'en tous cas
Les exemples fameux ne me manqueroient pas.

TRISSOTIN.
Vous en pourriez citer qui ne concluroient guére.

CLITANDRE.
Je n'irois pas bien loin pour trouver mon affaire.

TRISSOTIN.
Pour moy je ne voy pas ces exemples fameux.

CLITANDRE.
Moy, je les voy si bien, qu'ils me crevent les yeux.

TRISSOTIN.
J'ay crû jusques icy que c'estoit l'Ignorance
Qui faisoit les grands Sots, et non pas la Science.

CLITANDRE.
Vous avez crû fort mal, et je vous suis garant,
Qu'un Sot sçavant est sot plus qu'un Sot ignorant.

TRISSOTIN.
Le sentiment commun est contre vos maximes,
Puis qu'Ignorant et Sot sont termes synonimes.

CLITANDRE.
Si vous le voulez prendre aux usages du mot,
L'alliance est plus grande entre Pédant et Sot.

TRISSOTIN.
La Sottise dans l'un se fait voir toute pure.

CLITANDRE.
Et l'Etude dans l'autre adjouste à la Nature.

TRISSOTIN.
Le Sçavoir garde en soy son mérite éminent.

CLITANDRE.
Le Sçavoir dans un Fat devient impertinent.

TRISSOTIN.
Il faut que l'Ignorance ait pour vous de grands charmes,
Puisque pour elle ainsi vous prenez tant les armes.

CLITANDRE.
Si pour moy l'Ignorance a des charmes bien grands,
C'est depuis qu'à mes yeux s'offrent certains Sçavans.

TRISSOTIN.
Ces certains Sçavans-là, peuvent à les connoistre
Valoir certaines Gens que nous voyons paroistre.

CLITANDRE.
Oüy, si l'on s'en rapporte à ces certains Sçavans ;
Mais on n'en convient pas chez ces certaines Gens.

PHILAMINTE.
Il me semble, Monsieur...

CLITANDRE.
                    Eh, Madame, de grace,
Monsieur est assez fort sans qu'à son aide on passe :
Je n'ay déja que trop d'un si rude assaillant,
Et si je me défens, ce n'est qu'en reculant

ARMANDE.
Mais l'offençante aigreur de chaque repartie
Dont vous...

CLITANDRE.
        Autre second, je quitte la partie.

PHILAMINTE.
On souffre aux entretiens ces sortes de combats,
Pourveu qu'à la Personne on ne s'attaque pas.

CLITANDRE.

Eh, mon Dieu, tout cela n'a rien dont il s'offence ;
Il entend raillerie autant qu'Homme de France ;
Et de bien d'autres traits il s'est senty piquer,
Sans que jamais sa gloire ait fait que s'en moquer.

TRISSOTIN.

Je ne m'étonne pas au combat que j'essuye,
De voir prendre à Monsieur la These qu'il appuye.
Il est fort enfoncé dans la Cour, c'est tout dit :
La Cour, comme l'on sçait, ne tient pas pour l'Esprit,
Elle a quelque interest d'appuyer l'Ignorance,
Et c'est en Courtisan qu'il en prend la défence.

CLITANDRE.

Vous en voulez beaucoup à cette pauvre Cour,
Et son malheur est grand, de voir que chaque jour
Vous autres beaux Esprits, vous déclamiez contr'elle,
Que de tous vos chagrins vous luy fassiez querelle
Et sur son meschant goust luy faisant son procez,
N'accusiez que luy seul de vos meschans succés.
Permettez-moy, Monsieur Trissotin, de vous dire,
Avec tout le respect que vostre nom m'inspire,
Que vous feriez fort bien, vos Confreres, et vous,
De parler de la Cour d'un ton un peu plus doux ;
Qu'à le bien prendre au fond, elle n'est pas si beste
Que vous autres Messieurs vous vous mettez en teste ;
Qu'elle a du sens commun pour se connoistre à tout ;
Que chez elle on se peut former quelque bon goust ;
Et que l'Esprit du Monde y vaut, sans flatterie,
Tout le sçavoir obscur de la Pédanterie.

TRISSOTIN.

De son bon goust, Monsieur, nous voyons des effets.

CLITANDRE.

Où voyez-vous, Monsieur, qu'elle l'ait si mauvais ?

TRISSOTIN.

Ce que je voy, Monsieur, c'est que pour la Science
Rasius et Baldus font honneur à la France,
Et que tout leur mérite exposé fort au jour,
N'attire point les yeux et les dons de la Cour.

CLITANDRE.

Je voy vostre chagrin, et que par modestie
Vous ne vous mettez point, Monsieur, de la partie :
Et pour ne vous point mettre aussi dans le propos,
Que font-ils pour l'Etat vos habiles Héros?
Qu'est-ce que leurs Ecrits luy rendent de service,
Pour accuser la Cour d'une horrible injustice,
Et se plaindre en tous lieux que sur leurs doctes nom
Elle manque à verser la faveur de ses dons?
Leur sçavoir à la France est beaucoup necessaire,
Et des Livres qu'ils font la Cour a bien affaire.
Il semble à trois Grédins, dans leur petit cerveau
Que pour estre imprimez, et reliez en Veau,
Les voila dans l'état d'importantes Personnes;
Qu'avec leur plume ils font les destins des Couronnes,
Qu'au moindre petit bruit de leurs productions,
Ils doivent voir chez eux voler les Pensions;
Que sur eux l'Univers a la veuë attachée;
Que par tout de leur nom la gloire est épanchée,
Et qu'en Science ils sont des prodiges fameux,
Pour sçavoir ce qu'ont dit les autres avant eux,
Pour avoir eu trente ans des yeux et des oreilles,
Pour avoir employé neuf ou dix mille veilles
A se bien barboüiller de Grec et de Latin,
Et se charger l'esprit d'un tenébreux butin
De tous les vieux fatras qui traisnent dans les Livres;
Gens qui de leur sçavoir paroissent toûjours yvres;
Riches pour tout mérite, en babil importun,
Inhabiles à tout, vuides de sens-commun,
Et pleins d'un ridicule, et d'une impertinence
A décrier par tout l'Esprit et la Science.

PHILAMINTE.

Vostre chaleur est grande, et cet emportement
De la Nature en vous marque le mouvement.
C'est le nom de Rival qui dans vostre ame excite...

SCENE IV.

JULIEN, TRISSOTIN, PHILAMINTE, CLITANDRE, ARMANDE.

IULIEN.

LE Sçavant qui tantost vous a rendu visite,
Et de qui j'ay l'honneur de me voir le Valet,
Madame, vous exhorte à lire ce Billet.

PHILAMINTE.

Quelque important que soit ce qu'on veut que je lise,
Apprenez, mon Amy, que c'est une sottise
De se venir jetter au travers d'un discours,
Et qu'aux Gens d'un Logis il faut avoir recours,
Afin de s'introduire en Valet qui sçait vivre.

IULIEN.

Je noteray cela, Madame, dans mon Livre.

PHILAMINTE *lit.*

TRISSOTIN s'est vanté, Madame, qu'il épouse-
roit vostre fille. Je vous donne avis que sa Philo-
sophie n'en veut qu'à vos richesses, et que vous serez
bien de ne point conclure ce Mariage, que vous n'ayez
veu le Poëme que je compose contre luy. En attendant

cette Peinture où je prétens vous le dépeindre de toutes
ses couleurs, je vous envoye Horace, Virgile , Terence
et Catule , où vous verrez notez en marge tous les
endroits qu'il a pillez.

PHILAMINTE *poursuit.*

Voila sur cet Hymen que je me suis promis
Un merite attaqué de beaucoup d'ennemis ;
Et ce déchaînement aujourd'huy me convie
A faire une action qui confonde l'envie ;
Qui luy fasse sentir que l'effort qu'elle fait,
De ce qu'elle veut rompre, aura pressé l'effet.
Reportez tout cela sur l'heure à vostre Maistre ;
Et luy dites, qu'afin de luy faire connoistre
Quel grand estat je fais de ses nobles avis,
Et comme je les crois dignes d'estre suivis,
Dés ce soir à Monsieur je marieray ma Fille.
Vous, Monsieur comme Amy de toute la Famille,
A signer leur Contract vous pourrez assister,
Et je vous y veux bien de ma part inviter.
Armande, prenez soin d'envoyer au Notaire,
Et d'aller avertir vostre Sœur de l'affaire.

ARMANDE.

Pour avertir ma Sœur, il n'en est pas besoin,
Et Monsieur que voila, sçaura prendre le soin
De courir luy porter bientost cette nouvelle,
Et disposer son cœur à vous estre rebelle.

PHILAMINTE.

Nous verrons qui sur elle aura plus de pouvoir,
Et si je la sçauray réduire à son devoir. *Elle s'en va.*

ARMANDE.

J'ay grand regret, Monsieur, de voir qu'à vos visées,
Les choses ne soient pas tout-à-fait disposées.

CLITANDRE.

Je m'en vais travailler, Madame, avec ardeur,
A ne vous point laisser ce grand regret au cœur.

ARMANDE.

J'ay peur que vostre effort n'ait pas trop bonne issuë.

CLITANDRE.

Peut-estre verrez-vous vostre crainte déçeuë.

ARMANDE.

Je le souhaite ainsi.

CLITANDRE.

    J'en suis persuadé,
Et que de vostre appuy je seray secondé.

ARMANDE.

Oüy, je vais vous servir de toute ma puissance.

CLITANDRE.

Et ce service est seûr de ma reconnoissance.

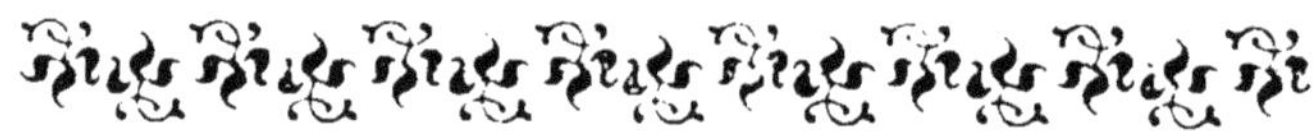

SCENE V.

CHRISALE, ARISTE, HENRIETTE, CLITANDRE.

CLITANDRE.

SAns vostre appuy, Monsieur, je seray malheureux,
Madame vostre Femme a rejetté mes vœux,
Et son cœur prévenu veut Trissotin pour Gendre.

CHRISALE.
Mais quelle fantaisie a-t-elle donc pû prendre ?
Pourquoy diantre vouloir ce Monsieur Trissotin ?

ARISTE.
C'est par l'honneur qu'il a de rimer à Latin,
Qu'il a sur son Rival emporté l'avantage.

CLITANDRE.
Elle veut dés ce soir faire ce Mariage ?

CHRISALE.
Dés ce soir ?

CLITANDRE.
Dés ce soir.

CHRISALE.
Et dés ce soir je veux,
Pour la contre-quarrer, vous marier vous deux.

CLITANDRE.
Pour dresser le Contract, elle envoye au Notaire.

CHRISALE.
Et je vay le querir pour celuy qu'il doit faire.

CLITANDRE.
Et Madame doit estre instruite par sa Sœur,
De l'Hymen où l'on veut qu'elle appreste son cœur.

CHRISALE.
Et moy, je luy commande avec pleine puissance
De preparer sa main à cette autre Alliance.
Ah je leur feray voir, si pour donner la loy,
Il est dans ma Maison d'autre Maistre que moy.
Nous allons revenir, songez à nous attendre.
Allons, suivez mes pas, mon Frere, et vous mon Gendre.

HENRIETTE.
Hélas ! dans cette humeur conservez-le toûjours.

ARISTE.

J'employray toute chose à servir vos amours.

CLITANDRE.

Quelque secours puissant qu'on promette à ma flame,
Mon plus solide espoir, c'est vostre cœur, Madame.

HENRIETTE.

Pour mon cœur vous pouvez vous assurer de luy.

CLITANDRE.

Je ne puis qu'estre heureux, quand j'auray son apuy.

HENRIETTE.

Vous voyez à quels nœuds on pretend le contraindre.

CLITANDRE.

Tant qu'il sera pour moy je ne voy rien à craindre.

HENRIETTE.

Je vais tout essayer pour nos vœux les plus doux ;
Et si tous mes efforts ne me donnent à vous,
Il est une retraite où nostre ame se donne,
Qui m'empeschera d'estre à toute autre Personne.

CLITANDRE.

Veüille le juste Ciel me garder en ce jour,
De recevoir de vous cette preuve d'amour.

Fin du Quatriéme Acte.

ACTE V.
SCENE PREMIERE.

HENRIETTE, TRISSOTIN.

HENRIETTE.

C'Est sur le Mariage où ma Mere s'apreste,
Que j'ay voulu, Monsieur, vous parler
    teste-à-teste,
Et j'ay crû dans le trouble où je voy la
    Maison,
Que je pourrois vous faire écouter la Raison.
Je sçay qu'avec mes vœux vous me jugez capable
De vous porter en dot un bien considerable :
Mais l'argent dont on voit tant de Gens faire cas,
Pour un vray Philosophe a d'indignes appas ;
Et le mépris du bien et des grandeurs frivoles,
Ne doit point éclater dans vos seules paroles.

TRISSOTIN.
Aussi n'est-ce point là ce qui me charme en vous ;
Et vos brillans attraits, vos yeux perçans et dous,
Vostre grace et vostre air, sont les biens, les richesses,
Qui vous ont attiré mes vœux et mes tendresses,
C'est de ces seuls trésors que je suis amoureux.

HENRIETTE.

Je suis fort redevable à vos feux genereux ;
Cet obligeant amour a dequoy me confondre,
Et j'ay regret, Monsieur, de n'y pouvoir répondre.
Je vous estime autant qu'on sçauroit estimer,
Mais je trouve un obstacle à vous pouvoir aimer.
Un cœur, vous le sçavez, à deux ne sçauroit estre,
Et je sens que du mien Clitandre s'est fait maistre.
Je sçay qu'il a bien moins de merite que vous,
Que j'ay de méchans yeux pour le choix d'un Epous,
Que par cent beaux talens vous devriez me plaire.
Je voy bien que j'ay tort, mais je n'y puis que faire ;
Et tout ce que sur moy peut le raisonnement,
C'est de me vouloir mal d'un tel aveuglement.

TRISSOTIN.

Le don de vostre main où l'on me fait prétendre,
Me livrera ce cœur que possede Clitandre.
Et par mille doux soins, j'ay lieu de présumer,
Que je pourray trouver l'art de me faire aimer.

HENRIETTE.

Non, à ses premiers vœux mon ame est attachée,
Et ne peut de vos soins, Monsieur, estre touchée.
Avec vous librement j'ose icy m'expliquer,
Et mon aveu n'a rien qui vous doive choquer.
Cette amoureuse ardeur qui dans les cœurs s'excite,
N'est point, comme l'on sçait, un effet du merite ;
Le caprice y prend part, et quand quelqu'un nous plaist,
Souvent nous avons peine à dire pourquoy c'est.
Si l'on aimoit, Monsieur, par chois et par sagesse,
Vous auriez tout mon cœur et toute ma tendresse ;
Mais on voit que l'Amour se gouverne autrement.
Laissez-moy je vous prie à mon aveuglement,
Et ne vous servez point de cette violence
Que pour vous on veut faire à mon obeïssance.
Quand on est honneste Homme, on ne veut rien devoir

A ce que des Parens ont sur nous de pouvoir.
On répugne à se faire immoler ce qu'on aime,
Et l'on veut n'obtenir un cœur que de luy-mesme.
Ne poussez point ma Mere à vouloir par son chois,
Exercer sur mes vœux la rigueur de ses droits.
Ostez-moy vostre amour, et portez à quelqu'autre
Les hommages d'un cœur aussi cher que le vostre.

TRISSOTIN.

Le moyen que ce cœur puisse vous contenter?
Imposez-luy des Loix qu'il puisse executer.
De ne vous point aimer peut-il estre capable,
A moins que vous cessiez, Madame, d'estre aimable,
Et d'étaler aux yeux les celestes appas...

HENRIETTE.

Eh Monsieur, laissons là ce galimatias.
Vous avez tant d'Iris, de Philis, d'Amarantes,
Que partout dans vos Vers vous peignez si charmantes,
Et pour qui vous jurez tant d'amoureuse ardeur...

TRISSOTIN.

C'est mon esprit qui parle, et ce n'est pas mon cœur.
D'elles on ne me voit amoureux qu'en Poëte.
Mais j'aime tout de bon l'adorable Henriette.

HENRIETTE.

Eh de grace, Monsieur...

TRISSOTIN.

                    Si c'est vous offencer,
Mon offence envers vous n'est pas preste à cesser.
Cette ardeur jusqu'icy de vos yeux ignorée,
Vous consacre des vœux d'éternelle durée.
Rien n'en peut arrester les aimables transports;
Et bien que vos beautez condamnent mes efforts,
Je ne puis refuser le secours d'une Mere
Qui pretend couronner une flame si chere;

Et pourveu que j'obtienne un bonheur si charmant,
Pourveu que je vous aye, il n'importe comment.
HENRIETTE.
Mais sçavez-vous qu'on risque un peu plus qu'on ne pense,
A vouloir sar un cœur user de violence.
Qu'il ne fait pas bien seûr, à vous le trancher net,
D'épouser une Fille en dépit qu'elle en ait;
Et qu'elle peut aller en se voyant contraindre,
A des ressentimens que le Mary doit craindre?
TRISSOTIN.
Un tel discours n'a rien dont je sois alteré.
A tous évenemens le Sage est preparé.
Guery par la raison des foiblesses vulgaires,
Il se met au dessus de ces sortes d'affaires,
Et n'a garde de prendre aucune ombre d'ennuy,
De tout ce qui n'est pas pour dépendre de luy.
HENRIETTE.
En verité, Monsieur, je suis de vous ravie,
Et je ne pensois pas que la Philosophie
Fût si belle qu'elle est, d'instruire ainsi les Gens
A porter constamment de pareils accidens.
Cette fermeté d'ame à vous si singuliere,
Merite qu'on luy donne une illustre matiere;
Est digne de trouver qui prenne avec amour,
Les soins continuels de la mettre en son jour;
Et comme à dire vray, je n'oserois me croire
Bien propre à luy donner tout l'éclat de sa gloire,
Je le laisse à quelqu'autre, et vous jure entre nous,
Que je renonce au bien de vous voir mon Epous.
TRISSOTIN.
Nous allons voir bien-tost comment ira l'affaire;
Et l'on a là-dedans fait venir le Notaire.

SCENE II.

CHRISALE, CLITANDRE
MARTINE, HENRIETTE,

CHRISALE.

AH, ma Fille, je suis bien aise de vous voir.
Allons, venez-vous-en faire vostre devoir,
Et soûmettre vos vœux aux volontez d'un Pere.
Je veux, je veux apprendre à vivre à vostre Mere ;
Et pour la mieux braver, voila, malgré ses dents,
Martine que j'amene, et rétablis ceans.

HENRIETTE.

Vos résolutions sont dignes de loüange.
Gardez que cette humeur, mon Pere, ne vous change.
Soyez ferme à vouloir ce que vous souhaitez,
Et ne vous laissez point séduire à vos bontez.
Ne vous relâchez pas, et faites bien en sorte
D'empescher que sur vous ma Mere ne l'emporte.

CHRISALE.

Comment? Me prenez-vous icy pour un Benest?

HENRIETTE.

M'en préserve le Ciel.

CHRISALE.

Suis-je un Fat, s'il vous plaist?

8.

HENRIETTE.

Je ne dis pas cela.

CHRISALE.

Me croit-on incapable
Des fermes sentimens d'un Homme raisonnable?

HENRIETTE.

Non, mon Pere.

CHRISALE.

Est-ce donc qu'à l'âge où je me voy,
Je n'aurois pas l'esprit d'estre Maistre chez moy?

HENRIETTE.

Siffait.

CHRISALE.

Et que j'aurois cette foiblesse d'ame,
De me laisser mener par le nez à ma Femme?

HENRIETTE.

Eh non, mon Pere.

CHRISALE.

Oüais. Qu'est-ce donc que cecy?
Je vous trouve plaisante à me parler ainsi.

HENRIETTE.

Si je vous ay choqué, ce n'est pas mon envie.

CHRISALE.

Ma volonté ceans doit estre en tout suivie.

HENRIETTE.

Fort bien, mon Pere.

CHRISALE.

Aucun, hors moy, dans la Maison,
N'a droit de commander.

HENRIETTE.

Oüy, vous avez raison.

CHRISALE.
C'est moy qui tiens le rang de Chef de la Famille.

HENRIETTE.
D'accord.

CHRISALE.
C'est moy qui dois disposer de ma Fille.

HENRIETTE.
Eh oüy.

CHRISALE.
Le Ciel me donne un plein pouvoir sur vous.

HENRIETTE.
Qui vous dit le contraire?

CHRISALE.
Et pour prendre un Epous,
Je vous feray bien voir que c'est à vostre Pere
Qu'il vous faut obeïr, non pas à vostre Mere.

HENRIETTE.
Helas ! vous flatez là les plus doux de mes vœux ,
Veüillez estre obey, c'est tout ce que je veux.

CHRISALE.
Nous verrons si ma Femme à mes desirs rebelle...

CLITANDRE.
La voicy qui conduit le Notaire avec elle.

CHRISALE.
Secondez moy bien tous.

MARTINE.
Laissez-moy, j'auray soin
De vous encourager s'il en est de besoin.

SCENE III.

PHILAMINTE, BELISE, ARMANDE, TRISSOTIN, LE NOTAIRE, CHRISALE, CLITANDRE, HEN-RIETTE, MARTINE.

PHILAMINTE.

VOus ne sçauriez changer vostre stile sauvage,
Et nous faire un Contract qui soit en beau langage?

LE NOTAIRE.

Nostre stile est tres-bon, et je serois un Sot,
Madame, de vouloir y changer un seul mot.

BELISE.

Ah! quelle barbarie au milieu de la France!
Mais au moins en faveur, Monsieur, de la Science,
Veüilliez au lieu d'écus, de livres et de francs,
Nous exprimer la dot en Mines et Talens,
Et dater par les mots d'Ides et de Calendes.

LE NOTAIRE.

Moy? Si j'allois, Madame, accorder vos demandes,
Je me ferois sifler de tous mes Compagnons,

PHILAMINTE.

De cette barbarie en vain nous nous plaignons.
Allons, Monsieur, prenez la Table pour écrire.

Ah, ah! cette Impudente ose encor se produire?
Pourquoy donc, s'il vous plaist, la ramener chez moy?

MARTINE.

Tantost avec plaisir on vous dira pourquoy.
Nous avons maintenant autre chose à conclure.

LE NOTAIRE.

Procedons au Contract. Où donc est la Future?

PHILAMINTE.

Celle que je marie est la Cadette.

LE NOTAIRE.

Bon.

CHRISALE.

Oüy. La voilà, Monsieur, Henriette est son nom.

LE NOTAIRE.

Fort bien. Et le Futur?

PHILAMINTE.

L'Epous que je luy donne,

Est Monsieur.

CHRISALE.

Et celuy, moy, qu'en propre personne,

Je prétens qu'elle épouse, est Monsieur.

LE NOTAIRE.

Deux Epous!

C'est trop pour la Coûtume.

PHILAMINTE.

Où vous arrestez-vous?

Mettez, mettez, Monsieur, Trissotin pour mon Gendre.

CHRISALE.

Pour mon Gendre mettez, mettez, Monsieur, Clitandre.

LE NOTAIRE.

Mettez-vous donc d'accord; et d'un jugement meûr
Voyez à convenir entre vous du Futur.

PHILAMINTE.
Suivez, suivez, Monsieur, le chois où je m'arreste.

CHRISALE.
Faites, faites, Monsieur, les choses à ma teste.

LE NOTAIRE.
Dites-moy donc à qui j'obeïray des deux?

PHILAMINTE.
Quoy donc, vous combattrez les choses que je veux?

CHRISALE.
Je ne sçaurois souffrir qu'on ne cherche ma Fille,
Que pour l'amour du bien qu'on voit dans ma Famille.

PHILAMINTE.
Vrayment à vostre bien on songe bien icy,
Et c'est là pour un Sage, un fort digne soucy!

CHRISALE.
Enfin pour son Epous, j'ay fait choix de Clitandre.

PHILAMINTE.
Et moy pour son Epous voicy qui je veux prendre :
Mon choix sera suivy, c'est un point résolu.

CHRISALE.
Oüais. Vous le prenez là d'un ton bien absolu.

MARTINE.
Ce n'est point à la femme à prescrire, et je sommes
Pour ceder le dessus en toute chose aux Hommes.

CHRISALE.
C'est bien dit.

MARTINE.
          Mon congé cent fois me fût-il hoc
La Poule ne doit point chanter devant le Coc.

CHRISALE.
Sans-doute.

MARTINE.

Et nous voyons que d'un Homme on se gausse,
Quand sa Femme chez luy porte le haut-de-chausse.

CHRISALE.

Il est vray.

MARTINE.

Si j'avois un Mary, je le dis,
Je voudrois qu'il se fit le Maistre du Logis.
Je ne l'aimerois point, s'il faisoit le Jocrisse.
Et si je contestois contre luy par caprice;
Si je parlois trop haut, je trouverois fort bon,
Qu'avec quelques souflets il rabaissast mon ton.

CHRISALE.

C'est parler comme il faut.

MARTINE.

Monsieur est raisonnable
De vouloir pour sa Fille un Mary convenable.

TRISSOTIN.

Oüy.

MARTINE.

Par quelle raison, jeune, et bien fait qu'il est,
Luy refuser Clitandre? Et pourquoy, s'il vous plaist,
Luy bailler un Sçavant, qui sans cesse épilogue?
Il luy faut un Mary, non pas un Pedagogue:
Et ne voulant sçavoir le Grais, ny le Latin,
Elle n'a pas besoin de Monsieur Trissotin.

CHRISALE.

Fort-bien.

PHILAMINTE.

Il faut souffrir qu'elle jase à son aise.

MARTINE.

Les Sçavans ne sont bons que pour prescher en Chaise;
Et pour mon Mary, moy, mille fois je l'ay dit,
Je ne voudrois jamais prendre un Homme d'esprit.

L'Esprit n'est point du tout ce qu'il faut en ménage;
Les Livres quadrent mal avec le Mariage;
Et je veux, si jamais on engage ma foy,
Un Mary qui n'ait point d'autre Livre que moy;
Qui ne sçache A, ne B, n'en déplaise à Madame,
Et ne soit en un mot Docteur que pour sa Femme.

PHILAMINTE.

Est-ce fait? et sans trouble ay-je assez écouté
Vostre digne Interprete?

CHRISALE.

Elle a dit verité.

PHILAMINTE.

Et moy, pour trancher court toute cette dispute,
Il faut qu'absolument mon desir s'execute.
Henriette, et Monsieur, seront joints de ce pas;
Je l'ay dit, je le veux, ne me repliquez pas:
Et si vostre parole à Clitandre est donnée,
Offrez-luy le Party d'épouser son Aisnée.

CHRISALE.

Voilà dans cette affaire un accommodement.
Voyez? y donnez-vous vostre consentement?

HENRIETTE.

Eh mon Pere!

CLITANDRE.

Eh Monsieur!

BELISE.

On pourroit bien luy faire
Des propositions qui pourroient mieux luy plaire:
Mais nous établissons une espece d'amour
Qui doit estre épuré comme l'Astre du Jour;
La Substance qui pense, y peut estre reçeuë,
Mais nous en bannissons la Substance étenduë.

SCENE DERNIERE.

ARISTE, CHRISALE, PHILAMINTE,
BELISE, HENRIETTE, ARMANDE,
TRISSOTIN, LE NOTAIRE,
CLITANDRE, MARTINE.

ARISTE.

J'Ay regret de troubler un mistere joyeux,
Par le chagrin qu'il fant que j'apporte en ces lieux.
Ces deux Lettres me font porteur de deux nouvelles,
Dont j'ay senty pour vous les atteintes cruelles :
L'une pour vous, me vient de vostre Procureur ;
L'autre pour vous, me vient de Lyon.

PHILAMINTE.

Quel malheur,
Digne de nous troubler, pourroit-on nous écrire ?

ARISTE.

Cette lettre en contient un que vous pouvez lire.

PHILAMINTE.

*MADAME, j'ay prié Monsieur vostre Frere de vous
rendre cette Lettre, qui vous dira ce que je n'ay osé
vous aller dire. La grande negligence que vous avez
pour vos Affaires, a esté cause que le Clerc de vostre
Rapporteur ne m'a point averty, et vous avez perdu
absolument vostre Procez que vous deviez gagner.*

9

CHRISALE.

Vostre Procez perdu!

PHILAMINTE.

Vous vous troublez beaucoup!
Mon cœur n'est point du tout ébranlé de ce coup.
Faites, faites paroistre une ame moins commune
A braver comme moy les traits de la Fortune.

Le peu de soin que vous avez vous couste quarante mille écus, et c'est à payer cette somme, avec les dépens, que vous estes condamnée par Arrest de la Cour.

Condamnée! Ah ce mot est choquant, et n'est fait
Que pour les Criminels.

ARISTE.

Il a tort en effet,
Et vous vous estes là justement recriée.
Il devoit avoir mis que vous estes priée
Par Arrest de la Cour, de payer au plutost
Quarante mille écus, et les despens qu'il faut.

PHILAMINTE.

Voyons l'autre.

CHRISALE lit.

MONSIEVR, l'amitié qui me lie à Monsieur vostre Frere, me fait prendre interest à tout ce qui vous touche. Ie sçais que vous avez mis vostre bien entre les mains d'Argante et de Damon, et je vous donne avis qu'en mesme jour ils ont fait tous deux banqueroute.

O Ciel! tout à-la-fois perdre ainsi tout mon bien!

PHILAMINTE.

Ah quel honteux transport! Fy, tout cela n'est rien.
Il n'est pour le vray Sage aucun revers funeste,
Et perdant toute chose, à soy-mesme il se reste.
Achevons nostre affaire, et quittez vostre ennuy;
Son bien nous peut suffire et pour nous, et pour luy.

TRISSOTIN.

Non, Madame, cessez de presser cette affaire.
Je voy qu'à cet Hymen tout le Monde est contraire,
Et mon dessein n'est point de contraindre les Gens.

PHILAMINTE.

Cette réflexion vous vient en peu de temps!
Elle suit de bien pres, Monsieur, nostre disgrace.

TRISSOTIN.

De tant de resistance à la fin je me lasse.
J'aime mieux renoncer à tout cet embarras,
Et ne veux point d'un cœur qui ne se donne pas.

PHILAMINTE.

Je voy, je voy de vous, non pas pour vostre gloire,
Ce que jusques icy j'ay refusé de croire.

TRISSOTIN.

Vous pouvez voir de moy tout ce que vous voudrez,
Et je regarde peu comment vous le prendrez:
Mais je ne suis point Homme à souffrir l'infamie
Des refus offençans qu'il faut qu'icy j'essuye;
Je vaux bien que de moy l'on fasse plus de cas,
Et je baise les mains à qui ne me veut pas.

PHILAMINTE.

Qu'il a bien découvert son ame mercenaire!
Et que peu philosophe est ce qu'il vient de faire!

CLITANDRE.

Je ne me vante point de l'estre; mais enfin
Je m'attache, Madame, à tout vostre destin;

Et j'ose vous offrir, avecque ma personne,
Ce qu'on sçait que de bien la Fortune me donne.

PHILAMINTE.

Vous me charmez, Monsieur, par ce trait genéreux ;
Et je veux couronner vos desirs amoureux.
Oüy, j'accorde Henriette à l'ardeur empressée...

HENRIETTE.

Non, ma Mere, je change à present de pensée.
Soüffrez que je resiste à vostre volonté.

CLITANDRE.

Quoy, vous vous opposez à ma félicité ?
Et lorsqu'à mon amour je voy chacun se rendre...

HENRIETTE.

Je sçay le peu de bien que vous avez, Clitandre,
Et je vous ay toûjours souhaité pour Epous,
Lors qu'en satisfaisant à mes vœux les plus dous,
J'ay veû que mon Hymen ajustoit vos affaires :
Mais lors que nous avons les Destins si contraires,
Je vous chéris assez dans cette extremité,
Pour ne vous charger point de nostre aversité.

CLITANDRE.

Tout Destin avec vous me peut estre agreable,
Tout Destin me seroit sans vous insuportable.

HENRIETTE.

L'Amour dans son transport parle toûjours ainsy.
Des retours importuns évitons le soucy.
Rien n'use tant l'ardeur de ce nœud qui nous lie,
Que les fâcheux besoins des choses de la vie ;
Et l'on en vient souvent à s'accuser tous deux,
De tous les noirs chagrins qui suivent de tels feux.

ARISTE.

N'est-ce que le motif que nous venons d'entendre,
Qui vous fait resister à l'Hymen de Clitandre ?

HENRIETTE.

Sans cela, vous verriez tout mon cœur y courir ;
Et je ne fuy sa main, que pour le trop chérir.

ARISTE.

Laissez-vous donc lier par des chaînes si belles.
Je ne vous ay porté que de fausses nouvelles ;
Et c'est un stratagéme, un surprenant secours,
Que j'ay voulu tenter pour servir vos amours ;
Pour détromper ma Sœur, et luy faire connoistre
Ce que son Philosophe à l'essay pouvoit estre.

CHRISALE.

Le Ciel en soit loüé.

PHILAMINTE.

                    J'en ay la joye au cœur,
Par le chagrin qu'aura ce lâche Deserteur.
Voilà le chastiment de sa basse avarice,
De voir qu'avec éclat cet Hymen s'accomplisse.

CHRISALE.

Je le sçavois bien, moy, que vous l'épouseriez.

ARMANDE.

Ainsi donc à leurs vœux vous me sacrifiez ?

PHILAMINTE.

Ce ne sera point vous que je leur sacrifie,
Et vous avez l'appuy de la Philosophie,
Pour voir d'un œil content couronner leur ardeur.

BELISE.

Qu'il prenne garde au moins que je suis dans son cœur,
Par un prompt desespoir souvent on se marie,
Qu'on s'en repent après tout le temps de sa vie.

CHRISALE.

Allons, Monsieur, suivez l'ordre que j'ay prescrit,
Et faites le Contract ainsi que je l'ay dit.

FIN.

A PARIS

DES PRESSES DE D. JOUAUST

Imprimeur breveté

RUE SAINT-HONORÉ, 338